W0260457

Informatik – Fachberichte

Band 46: F. Wolf, Organisation und Betrieb von Rechenzentren. Fachgespräch der GI, Erlangen, März 1981. VII, 244 Seiten. 1981.

Band 47: GWAI-81 German Workshop on Artifical Intelligence. Bad Honnef, January 1981. Herausgegeben von J. H. Siekmann. XII, 317 Seiten. 1981.

Band 48: W. Wahlster, Natürlichsprachliche Argumentation in Dialogsystem. KI-Verfahren zur Rekonstruktion und Erklärung approximativer Inferenzprozesse. XI, 194 Seiten. 1981.

Band 49: Modelle und Strukturen. DAG 11 Symposium, Hamburg, Oktober 1981. Herausgegeben von B. Radig. XII, 404 Seiten. 1981.

Band 50: GI-11. Jahrestagung. Herausgegeben von W. Brauer. XIV, 617 Seiten. 1981.

Band 51: G. Pfeiffer, Erzeugung interaktiver Bildverarbeitungssysteme im Dialog. X, 154 Seiten. 1982.

Band 52: Application and Theory of Petri Nets. Proceedings, Strasbourg 1980, Bad Honnef 1981. Edited by C. Girault and W. Reisig. X, 337 pages. 1982.

Band 53: Programmiersprachen und Programmentwicklung. Fachtagung der GI, München, März 1982. Herausgegeben von H. Wössner. VIII, 237 Seiten. 1982.

Band 54: Fehlertolerierende Rechnersysteme. GI-Fachtagung, München, März 1982. Herausgegeben von E. Nett und H. Schwärtzel. VII, 322 Seiten. 1982.

Band 55: W. Kowalk, Verkehrsanalyse in endlichen Zeiträumen. VI, 181 Seiten. 1982.

Band 56: Simulationstechnik. Proceedings, 1982. Herausgegeben von M. Goller. VIII, 544 Seiten. 1982.

Band 57: GI-12. Jahrestagung. Proceedings, 1982. Herausgegeben von J. Nehmer. IX, 732 Seiten. 1982.

Band 58: GWAI-82. 6th German Workshop on Artifical Intelligence. Bad Honnef, September 1982. Edited by W. Wahlster. VI, 246 pages. 1982.

Band 59: Künstliche Intelligenz. Frühjahrsschule Teisendorf, März 1982. Herausgegeben von W. Bibel und J. H. Siekmann. XIII, 383 Seiten. 1982.

Band 60: Kommunikation in Verteilten Systemen. Anwendungen und Betrieb. Proceedings, 1983. Herausgegeben von Sigram Schindler und Otto Spaniol. IX, 738 Seiten. 1983.

Band 61: Messung, Modellierung und Bewertung von Rechensystemen. 2. GI/NTG-Fachtagung, Stuttgart, Februar 1983. Herausgegeben von P. J. Kühn und K. M. Schulz. VII, 421 Seiten. 1983.

Band 62: Ein inhaltsadressierbares Speichersystem zur Unterstützung zeitkritischer Prozesse der Informationswiedergewinnung in Datenbanksystemen. Michael Malms. XII, 228 Seiten. 1983.

Band 63: H. Bender, Korrekte Zugriffe zu Verteilten Daten. VIII, 203 Seiten. 1983.

Band 64: F. Hoßfeld, Parallele Algorithmen. VIII, 232 Seiten. 1983.

Band 65: Geometrisches Modellieren. Proceedings, 1982. Herausgegeben von H. Nowacki und R. Gnatz. VII, 399 Seiten. 1983.

Band 66: Applications and Theory of Petri Nets. Proceedings, 1982. Edited by G. Rozenberg. VI, 315 pages. 1983.

Band 67: Data Networks with Satellites. GI/NTG Working Conference, Cologne, September 1982. Edited by J. Majus and O. Spaniol. VI, 251 pages. 1983.

Band 68: B. Kutzler, F. Lichtenberger, Bibliography on Abstract Data Types. V, 194 Seiten. 1983.

Band 69: Betrieb von DN-Systemen in der Zukunft. GI-Fachgespräch, Tübingen, März 1983. Herausgegeben von M. A. Graef. VIII, 343 Seiten. 1983.

Band 70: W. E. Fischer, Datenbanksystem für CAD-Arbeitsplätze. VII, 222 Seiten. 1983.

Band 71: First European Simulation Congress ESC 83. Proceedings, 1983. Edited by W. Ameling. XII, 653 pages. 1983.

Band 72: Sprachen für Datenbanken. GI-Jahrestagung, Hamburg, Oktober 1983. Herausgegeben von J. W. Schmidt. VII, 237 Seiten. 1983.

Band 73: GI-13. Jahrestagung, Hamburg, Oktober 1983. Proceedings. Herausgegeben von J. Kupka. VIII, 502 Seiten. 1983.

Band 74: Requirements Engineering. Arbeitstagung der GI, 1983. Herausgegeben von G. Hommel und D. Krönig. VIII, 247 Seiten. 1983.

Band 75: K. R. Dittrich, Ein universelles Konzept zum flexiblen Informationsschutz in und mit Rechensystemen. VIII, 246 pages. 1983.

Band 76: GWAI-83. German Workshop on Artificial Intelligence. September 1983. Herausgegeben von B. Neumann. VI, 240 Seiten. 1983.

Band 77: Programmiersprachen und Programmentwicklung. 8. Fachtagung der GI, Zürich, März 1984. Herausgegeben von U. Ammann. VIII, 239 Seiten. 1984.

Band 78: Architektur und Betrieb von Rechensystemen. 8. GI-NTG-Fachtagung, Karlsruhe, März 1984. Herausgegeben von H. Wettstein. IX, 391 Seiten. 1984.

Band 79: Programmierumgebungen: Entwicklungswerkzeuge und Programmiersprachen. Herausgegeben von W. Sammer und W. Remmele. VIII, 236 Seiten. 1984.

Band 80: Neue Informationstechnologien und Verwaltung. Proceedings, 1983. Herausgegeben von R. Traunmüller, H. Fiedler, K. Grimmer und H. Reinermann. XI, 402 Seiten. 1984.

Band 81: Koordinaten von Informationen. Proceedings, 1983. Herausgegeben von R. Kuhlen. VI, 366 Seiten. 1984.

Band 82: A. Bode, Mikroarchitekturen und Mikroprogrammierung: Formale Beschreibung und Optimierung, 6, 7-227 Seiten. 1984.

Band 83: Software-Fehlertoleranz und -Zuverlässigkeit. Herausgegeben von F. Belli, S. Pfleger und M. Seifert. VII, 297 Seiten. 1984.

Band 84: Fehlertolerierende Rechensysteme. 2. GI/NTG/GMR-Fachtagung, Bonn 1984. Herausgegeben von K.-E. Großpietsch und M. Dal Cin. X, 433 Seiten. 1984.

Band 85: Simulationstechnik. Proceedings, 1984. Herausgegeben von F. Breitenecker und W. Kleinert. XII, 676 Seiten. 1984.

Band 86: Prozeßrechner 1984. 4. GI/GMR/KfK-Fachtagung, Karlsruhe, September 1984. Herausgegeben von H. Trauboth und A. Jaeschke. XII, 710 Seiten. 1984.

Band 87: Musterkennung 1984. Proceedings, 1984. Herausgegeben von W. Kropatsch. IX, 351 Seiten. 1984.

Band 88: GI-14. Jahrestagung. Braunschweig. Oktober 1984. Proceedings. Herausgegeben von H.-D. Ehrich. IX, 451 Seiten. 1984.

Band 89: Fachgespräche auf der 14. GI-Jahrestagung. Braunschweig, Oktober 1984. Herausgegeben von H.-D. Ehrich. V, 267 Seiten. 1984.

-1

Informatik-Fachberichte 135

Herausgegeben von W. Brauer
im Auftrag der Gesellschaft für Informatik (GI)

Andreas Meier

Erweiterung relationaler Datenbanksysteme für technische Anwendungen

Springer-Verlag
Berlin Heidelberg New York
London Paris Tokyo

Autor

Andreas Meier
Schweizerischer Bankverein, Generaldirektion
CH-4002 Basel

CR Subject Classifications (1987): H.2, H.3, J.6

ISBN-13: 978-3-540-17693-0 e-ISBN-13: 978-3-642-72597-5
DOI: 10.1007/978-3-642-72597-5

CIP-Kurztitelaufnahme der Deutschen Bibliothek. Meier, Andreas: Erweiterung relationaler Datenbanksysteme für technische Anwendungen / Andreas Meier. – Berlin; Heidelberg; New York; Tokyo: Springer, 1987.
(Informatik-Fachberichte; 135)

NE: GT

Repro- u. Druckarbeiten: Weihert-Druck GmbH, Darmstadt

2145/3140-543210

It is well known that the growth in demands from end users for new applications is outstripping the capability of data processing departments to implement the corresponding application programs. There are two complementary approaches to attacking this problem (and both approaches are needed): one is to put end users into direct touch with the information stored in computers; the other is to increase the productivity of data processing professionals in the development of application programs. It is less well known that a single technology, relational database management, provides a practical foundation for both approaches.

E. F. Codd

Vorwort

Erste Ideen zur vorliegenden Arbeit sind während des Forschungsaufenthaltes am IBM Research Lab in San Jose, Kalifornien entstanden. In der Forschungsgruppe von R. A. Lorie ging es darum, System R (eines der ersten relationalen Datenbanksysteme konzipiert nach den Ideen von E. F. Codd) für technische Anwendungen zu erweitern. Die fachliche Auseinandersetzung mit den Kollegen im Research Lab und die regen Kontakte mit den nicht weniger bekannten Datenbankgruppen der Stanford University, der University of California at Berkeley und des Lawrence Berkeley Lab haben mich motiviert, die eigenen Konzeptgedanken in Realität umzusetzen. J. Nievergelt hat mich ermutigt, dies an der ETH Zürich zu tun.

Ich danke meinen Mitarbeitern G. Heiser, H.-B. Loacker, E. Petry und A. Wälchli für die tatkräftige Unterstützung und offene Kritik während der Entwurfs- und Implementierungsphase des Datenbankkerns von XRS (extended relational system). Die Forschungsarbeiten wurden vom Schweizerischen Nationalfonds im Projekt Nr. 2.734-0.85 über "Darstellung und Speicherung von geometrischen Objekten in einer relationalen Datenbank" gefördert. Weiter bin ich meinen Fachkollegen K. Dittrich, T. Härder, P. Pistor, H.-J. Schek und C. A. Zehnder für unzählige Anregungen zu bestem Dank verpflichtet.

Liestal, Februar 1987 Andreas Meier

Inhaltsverzeichnis

1 Einleitung

Das Einführungskapitel dient dem Einstieg in die Begriffswelt der Datenbanken mit ihren Abfrage- und Manipulationssprachen. Abschnitt 1.1 fasst die Vorteile von Datenbanksystemen gegenüber Dateisystemen zusammen, Abschnitt 1.2 illustriert den Durchbruch des Relationenmodells als Datenmodell für Datenbanken. Abschnitt 1.3 erläutert Zielsetzung und Gliederung der Arbeit.

1.1 Datenbankgrundsätze

Dem Ingenieur diente der früheste Computereinsatz zu numerischen Berechnungen. Die Daten solcher Anwendungen waren vorwiegend Vektoren und Matrizen. Ein simples Dateisystem genügte, die einfach strukturierten Daten einzulesen und auszuschreiben. Erst spätere Ingenieuranwendungen verlangten nach komplexeren Strukturen, z.B. zum Beschreiben von Maschinenteilen, integrierten Schaltungen, Transportnetzen, Stadtplänen etc. Traditionellerweise wurden die Daten weiterhin in den herkömmlichen Dateien oft redundant abgelegt. Diese *individuell zugeschnittenen Dateisysteme* erhöhten zudem die Leistung beim immer mehr gefragten Einsatz von Grafik.

Beim Aufbau eines geographischen Informationssystems, beim Entwurf einer integrierten Schaltung oder bei der Entwicklung von Bau- und Maschinenteilen sind meistens mehrere Ingenieure beteiligt. Dabei ergeben sich bei der Abspeicherung der anfallenden Daten in einem Dateisystem die folgenden Schwierigkeiten: Die Integration der Daten ist sehr gering (vergl. z.B. [Dittrich et al. 1985], [Eberlein 1984] oder [Fischer 1983]), da jeder Benutzer normalerweise eine eigene Datei für seinen speziellen Zweck anlegt und in dieser Arbeitsphase selten an Datenaustausch denkt. Wird die gleiche Information in mehreren Dateien gleichzeitig abgespeichert, so sinkt auch die Qualität der Daten und es können Inkonsistenzen auftreten.

Ähnliche Probleme haben sich schon früh im administrativen Bereich gestellt und zu organisierten Datensammlungen, genannt Datenbanken, geführt. Im Gegensatz zu einem Dateisystem ist ein *Datenbankverwaltungssystem* (oder DBMS = Datenbankmanagement-system) auf hohe Datenunabhängigkeit ausgerichtet, d.h. auf strikte Trennung der Daten von den Anwendungsprogrammen. Der Vorteil einer solchen Organisationsform ist offensichtlich, denn Programmänderungen bedingen im Normalfall keine Neuorganisation der Daten und umgekehrt.

In der Abb. 1-1 sind die Vorteile eines Datenbanksystems exemplarisch gegeben. Die systematische Datenorganisation verhindert, dass sich jeder Anwender mit dem Aufbau und der Struktur der Daten befassen muss. Neben dem eigentlichen Datenrepositorium bestehen deshalb wichtige Verwaltungsfunktionen und Sprachkomponenten zur Definition und Manipulation der Daten. Aufgrund einer vollständigen Datenbeschreibung kontrolliert ein Datenbanksystem die Auswirkungen von Operationen zentral (im Fall einer verteilten Datenbank auch dezentral) und systemmässig. Neben dieser Konsistenzüberwachung sind Massnahmen zur Protokollierung und zum Wiederanlauf sowie zur Synchronisation konkurrierender Programme vorgesehen, womit ein Mehrbenutzerbetrieb möglich wird.

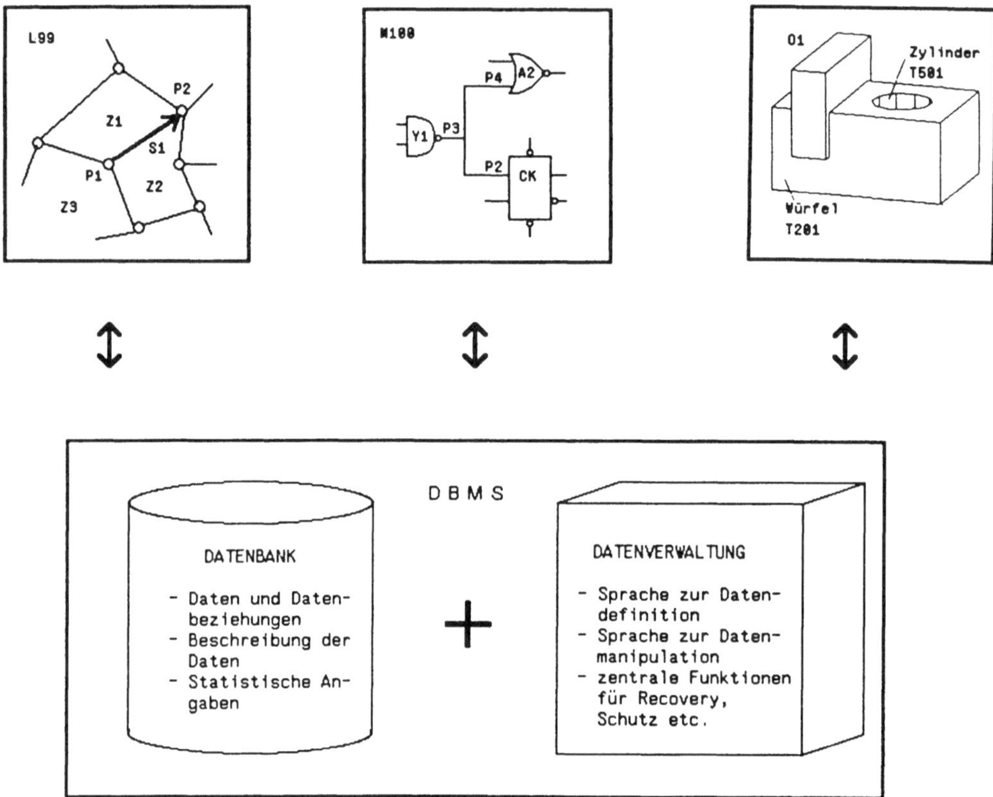

Abb. 1-1: Komponenten eines Datenbankverwaltungssystems.

Heute sind verschiedene kommerzielle Datenbanksysteme auf dem Markt erhältlich (hierarchische, netzwerkartige und relationale Systeme). Einige Produkte gewährleisten grosse Datenunabhängigkeit und stellen dem Benutzer teilweise ausgereifte Datendefinitions- und Manipulationssprachen zur Verfügung. Meistens werden auch

Hilfsprogramme angeboten, um die Daten vor Missbrauch zu bewahren oder um Datenkonsistenz nach einem Systemausfall zu garantieren.

Relationale Datenbanksysteme gewinnen dank der Mächtigkeit ihrer Abfrage- und Manipulationssprachen sowie ihrer Einfachheit wegen bei der Darstellung der Daten immer mehr an Bedeutung. Anwender selektieren die gewünschte Information aufgrund von Eigenschaften, wobei keine Zugriffshilfen oder aufwendige Suchprogramme spezifiziert werden müssen. Mit der Formulierung von Konsistenzregeln (z.B. ausgedrückt durch ein Prädikatenkalkül) kontrollieren relationale Datenbanksysteme Datenwerte und Datenbeziehungen und erhöhen dadurch die Qualität der Daten, eine Voraussetzung für die längerfristige Nutzung.

1.2 Durchbruch des Relationenmodells

Das Relationenmodell ist seit Beginn der 70-er Jahre in unzähligen theoretischen Arbeiten studiert und in praktischen Implementierungen ausgetestet worden [Date 1986]. Die Gründe für den Durchbruch des Relationenmodells und relationaler Datenbanksysteme im kommerziellen Softwareangebot lassen sich nach fünfzehn Jahren Forschung und Entwicklung wie folgt zusammenfassen:

1) Das Relationenmodell beschreibt die Daten in gewöhnlichen *Tabellen* (oder Relationen), indem die einzelnen Spalten mit Merkmalnamen (oder Attributen) beschriftet werden und jeder Datensatz als Zeile (oder Tupel) von Merkmalwerten abgespeichert wird. Betrachten wir als Beispiel die beiden Tabellen ABTEILUNG und MITARBEITER, welche als Merkmale die Abteilungsnummer A# und Bezeichnung resp. Mitarbeiternummer M#, Name und Vorname des Mitarbeiters sowie die Abteilungszugehörigkeit enthalten:

ABTEILUNG

A#	Bezeichnung
A1	Finanz
A2	Organisation
A3	Personal

MITARBEITER

M#	Name	Vorname	Abt
M107	Meier	Alfred	A3
M141	Jakob	Peter	A2
M130	Müller	Fritz	A1
M179	Meier	Peter	A3

Aus dem einfachen Beispiel ist nicht nur ersichtlich, dass die Tabellenform gut lesbar und jedermann geläufig ist, sondern dass wir auch ohne grosse Erklärungen die Beziehungen zwischen verschiedenen Tabellen über gemeinsame Merkmalwerte (wie z.B. Abteilungsnummern) assoziieren.

2) Das Relationenmodell ist *mengenorientiert*, d.h. die Tabellen als (ungeordnete) Mengen von Tupeln bilden die Grundlage sowohl für Abfragen wie auch für Manipulationen. Insbesondere ist das Ergebnis einer Benutzerabfrage oder -manipulation stets eine Tabelle, die aufgrund von gewünschten Eigenschaften charakterisiert wird. Solche deskriptive Abfrage- und Manipulationsmöglichkeiten unterscheiden sich wesentlich von sonst gebräuchlichen prozeduralen Sprachen, welche vom Benutzer eine Navigation durch einzelne Datensätze verlangen. Wir illustrieren diese Tatsache und wählen als relationale Abfrage- und Manipulationssprache SQL (structured query language) [Chamberlin et al. 1976]:

SQL ist eine relationale Abfrage- und Manipulationssprache und erlaubt dem Benutzer auf einfache Art, Tabellen zu definieren, mit Daten zu füllen, abzufragen, zu verändern oder zu kombinieren. Die Grundstruktur der Sprache sieht wie folgt aus:

SELECT Merkmale
FROM Tabellen
WHERE Selektionsbedingung

Die Anweisung *SELECT ... FROM ... WHERE* gibt dem Benutzer immer eine Resultatstabelle zurück. Betrachten wir dazu die beiden Tabellen ABTEILUNG und MITARBEITER und die relationalen Operationen Projektion, Selektion und Verbund:

a) **Projektion:** Streichen nicht benötigter Spalten einer Tabelle

Beispiel: *SELECT* Name, Abt
FROM MITARBEITER

RESULTATSTABELLE

Name	Abt
Meier	A3
Jakob	A2
Müller	A1

b) **Selektion:** Auswahl von Tupeln, welche eine bestimmte Bedingung erfüllen

Beispiel: *SELECT* M #, Name, Vorname, Abt
FROM MITARBEITER
WHERE Abt = A3

RESULTATSTABELLE

M #	Name	Vorname	Abt
M107	Meier	Alfred	A3
M179	Meier	Peter	A3

c) **Verbund:** Zusammensetzen verschiedener Tabellen bezüglich verträglicher Spalten

Beispiel: *SELECT* M #, Bezeichnung
FROM MITARBEITER, ABTEILUNG
WHERE MITARBEITER.Abt = ABTEILUNG.A #

RESULTATSTABELLE

M #	Bezeichnung
M107	Personal
M141	Organisation
M130	Finanz
M179	Personal

Neben Projektion, Selektion und Verbund können in SQL auch Manipulationsoperationen auf einfache

Art formuliert werden. Möchten wir z.B. die Bezeichnung "Personal" in der Tabelle ABTEILUNG auf "Personaldienste" umbenennen, so geschieht dies wie folgt:

```
UPDATE  ABTEILUNG
SET     Bezeichnung = Personaldienste
WHERE   Bezeichnung = Personal
```

Zusätzlich existieren Sprachelemente zur Tabellendefinition, zum Einfügen und zum Löschen.

Wie wir gesehen haben, erlaubt die einprägsame Grundstruktur *SELECT...FROM... WHERE...* von SQL dem Benutzer, Daten einer Tabelle durch eine Projektion auf einen Teil der Spalten zu beschränken, Tupel oder Zeilen durch Prädikate in einer Selektion auszuwählen oder verschiedene Tabellen aufgrund verträglicher Spalten durch den sogenannten Verbund zusammenzusetzen. Zudem lassen sich Tabellen definieren, Zeilen oder Mengen von Zeilen einfügen, löschen oder manipulieren.

3) Das Relationenmodell basiert auf einer *mathematischen Grundlage* und hat zu einem eigentlichen Fachzweig der theoretischen Informatik, genannt Datenbanktheorie (siehe z.B. [Maier 1983]) geführt. Der formale Rahmen des Relationenmodells ist nicht als Gedankenspielerei aufzufassen, sondern als eigentlicher Grund des sich abzuzeichnenden Durchbruchs des Relationenmodells auf dem Gebiet der Datenbanksysteme. Ein Beispiel möge diese Behauptung untermauern: Unter dem Begriff der *Normalisierung* ([Date 1986] oder [Ullman 1982]) versteht man ein Verfahren, um Abhängigkeiten zwischen Merkmalen einer Tabelle zu studieren und Redundanz zu eliminieren. Eine Tabelle heisst redundant, wenn gewisse Datenwerte oder Sachverhalte mehrfach vorhanden sind. Als Beispiel betrachten wir eine neue Tabelle ABTEILUNGS-MITARBEITER in Analogie zu den beiden Tabellen ABTEILUNG und MITARBEITER mit den Merkmalen Mitarbeiternummer M#, Name und Vorname des Mitarbeiters, Abteilungsnummer A# und Bezeichnung:

ABTEILUNGS-MITARBEITER

M#	Name	Vorname	A#	Bezeichnung
M107	Meier	Alfred	A3	Personal
M141	Jakob	Peter	A2	Organisation
M130	Müller	Fritz	A1	Finanz
M179	Meier	Peter	A3	Personal

Es ist offensichtlich, dass in dieser Tabelle z.B. für sämtliche Mitarbeiter aus der Abteilung Personal die Bezeichnung der Abteilung redundant gespeichert ist. Dies ist unerwünscht, da bei einer möglichen Anpassung der Abteilungsbezeichnung von "Personal" auf "Personaldienste" die Änderung in allen betroffenen Tupeln berücksichtigt werden muss. Wir alle kennen die Nachteile einer Mehrfachspeicherung ein und derselben Information, denken wir nur an die unerwünschten Effekte bei einer Adressänderung aufgrund eines Wohnungswechsels! Die Normalisierungstheorie ist somit ein bewährtes Instrument, Daten und Datenbeziehungen formal zu studieren und damit einen widerspruchsfreien und semantisch wohldefinierten Datenbankentwurf zu ermöglichen.

Nach diesem kurzen Abriss der Vorteile des Relationenmodells gehen wir im folgenden Abschnitt auf die Zielsetzung und Gliederung der Arbeit näher ein.

1.3 Zielsetzung und Gliederung der Arbeit

Trotz der Mächtigkeit und Eleganz relationaler Abfrage- und Manipulationssprachen zeigen relationale Datenbanksysteme Nachteile bei der Verwaltung technischer Objekte. Der Grund liegt darin, dass Datenbankforschung und -entwicklung sich bis anfangs der 80-er Jahre vorwiegend mit administrativen Problemstellungen aus dem Dienstleistungssektor auseinandergesetzt und technische Fragestellungen aus dem Ingenieurwesen eher vernachlässigt haben. Da heute ein sehr grosses Angebot von technischen Anwendungen wie Computersimulationen, Finite Elementberechnungen, rechnergestütztes Zeichnen und Konstruieren etc. besteht, kommt dem *Einsatz von Datenbanksystemen bei technischen Anwendungen* immer mehr eine zentrale Bedeutung zu.

Die vorliegende Arbeit bezweckt, grundlegende Aspekte beim Verwenden relationaler Datenbanksysteme in Technik und Wissenschaft zu untersuchen und entsprechende Informatikwerkzeuge bereitzustellen. Sie beruht auf den folgenden zwei Forschungsschwerpunkten:

1) Erweiterung des Relationenmodells bzw. der Relationenalgebra zur Darstellung, Speicherung und Verarbeitung technischer Objekte, wie sie z.B. bei geographischen Informationssystemen, beim Entwurf integrierter Schaltungen oder bei der Entwicklung von Maschinen- und Bauteilen benötigt werden.

2) Implementierung von Speicher- und Zugriffsstrukturen eines Basissystems zur Datenhaltung technischer Objekte sowie Integration von Sprachkonstrukten für effiziente Datenbankabfragen und -manipulationen.

Die wichtigsten Erweiterungen relationaler Datenbanksysteme zur Verwaltung technischer Objekte lassen sich wie folgt zusammenfassen:

Surrogate
Im Relationenmodell werden einzelne Tupel einer Relation durch Merkmalwerte identifiziert. Der Benutzer deklariert dazu ein spezielles Attribut oder eine Attributkombination. Ein solcher Identifikationsschlüssel wird entweder künstlich gewählt oder aufgrund semantischer Überlegungen festgelegt. Die Schwierigkeiten bei der Definition eines solchen Benutzerschlüssels sind wohlbekannt: Der aktuelle Wert kann sich trotz Weitsichtigkeit mit der Zeit ändern, wobei meistens die Eindeutigkeit des Schlüssels verletzt wird. Auch ist es schwierig oder beinahe unmöglich, zwei verschiedene Datenbestände innerhalb einer Unternehmung ohne grösseren Aufwand zu vereinen; ein vom Benutzer definiertes Identifikationssystem ist für solche Zwecke in den meisten Fällen unbrauchbar. *Surrogate* sind vom System vergebene Identifikationsschlüssel und eignen sich

besonders beim Arbeiten mit einer grafischen Schnittstelle zur Identifikation der Objekte. Darüber hinaus können sie zur Definition von systemkontrollierten Beziehungen verwendet werden.

Strukturbeschreibung
Das Relationenmodell kennt nur flache Relationen und es ist deshalb schwierig, Struktureigenschaften technischer Objekte direkt beschreiben zu können. Sämtliche Beziehungen müssen über gemeinsame Attributwerte vom Benutzer selbst definiert und nachgeführt werden. Eine explizite, vom *System unterstützte Strukturbeschreibung* wird durch das Surrogatkonzept ermöglicht. Anstelle von benutzerdefinierten Attributen lassen sich Surrogate bestimmter Relationen als Fremdsurrogate in anderen verwenden. Dabei sind zwei Typen von Strukturen besonders wichtig: Part-of und Is-a. Ersteres Konstrukt umfasst einen existentiellen Quantor, da zu jedem Teilobjekt genau ein übergeordnetes Objekt existiert. Letzteres beschreibt einen universellen Quantor: Sämtliche Eigenschaften eines generalisierten Objektes gelten für die Subteile. Mit den beiden Konstrukten können technische Objekte direkter und effizienter abgefragt und manipuliert werden.

Mehrdimensionalität
Die Daten vieler technischer Anwendungen sind mehrdimensional, da sie z.B. die Gestalt von Objekten oder deren geometrische Lage im Raum beschreiben. Unter *mehrdimensionalen Daten* versteht man solche, die mit Hilfe mehrerer Schlüssel identifiziert werden, wobei keiner der Schlüssel einen anderen bezüglich Zugriff dominieren darf (Symmetrieeigenschaft des mehrdimensionalen Schlüssels). Aufgrund der Gleichberechtigung der Schlüssel lassen sich sogenannte Bereich- und Nachbarschaftsfragen effizient bearbeiten, was bei den herkömmlichen Datenbanksystemen selten der Fall ist. Unter Bereichfragen versteht man geometrische Datenbankabfragen, die anstelle des ganzen mehrdimensionalen Datenraums lediglich Objekte oder Teilobjekte in Unterräumen untersuchen. So lassen sich z.B. durch eine Bereichfrage sämtliche Objekte, die in einem Suchfenster liegen, direkt selektieren. Bei den Nachbarschaftsfragen geht es darum, mehrdimensionale Daten bezüglich eines Referenzpunktes und eines Abstandkriteriums zu evaluieren. Dateiorganisationen, die den mehrdimensionalen Zugriff auf die Daten effizient unterstützen, müssen deshalb in einem Datenbanksystem für technische Anwendungen integriert werden.

Versionen
Unter dem Begriff *Version* versteht man eine Kennzeichnung der jeweiligen Änderungs- oder Entwicklungsstufen eines bestimmten Objektes. Im technischen Anwendungsbereich ist man z.B. interessiert, verschiedene Versionen einer integrierten Schaltung oder unterschiedliche Variantenkonstruktionen von Maschinenteilen gleichzeitig oder in einer zeitlichen Abhängigkeit zu verwalten. Es ist nun nicht sinnvoll, in jedem

Anwenderprogramm die Zeit- und Versionenkontrolle vorzusehen, sondern diese Kontrolle dem Datenbanksystem zu übertragen. Man spricht von temporalen Datenbanken, wenn die Daten aufgrund von Zeitpunkten oder Zeitintervallen selektiert werden; bei versionenbehafteten Datenbanken brauchen die verschiedenen Versionen nicht unbedingt in einem zeitlichen Bezug zu stehen. Der Einbezug von Zeit- und Versionenkontrolle bei Datenbanksystemen für technische Anwendungen verlangt insbesondere in den Speicher- und Zugriffskonzepten nach Neuerungen.

Tensoren

Unter Tensoren versteht man Grössen, die bei Transformationen des zugrundeliegenden Koordinatenraumes ganz bestimmten Transformationsgesetzen gehorchen. *Tensoren* nullter Stufe sind Skalare, solche erster Stufe sind Vektoren, Tensoren zweiter Stufe entsprechen z.B. Matrizen etc. Die wichtigsten algebraischen Tensoroperationen sind Multiplikation mit einem Skalar, Addition zweier Tensoren derselben Stufe, tensorielles resp. verjüngendes Produkt. Obwohl Tensoren im geometrischen Anwendungsbereich nicht wegzudenken sind, können sie nicht direkt in einer relationalen Datenbank abgespeichert werden. Der Grund liegt in der Forderung der sogenannten Ersten Normalform: Attributwerte einer Relation müssen atomar sein und dürfen keine Struktur aufweisen. Dies bedeutet beispielsweise, dass zur Speicherung eines dreidimensionalen Vektors drei Attribute für die x-, y- und z-Koordinaten notwendig sind. Bei der Speicherung von Matrizen oder Tensoren höherer Stufen wird die Problematik noch offensichtlicher. Die Lockerung der Ersten Normalform beim Integrieren von Tensoren bedarf deshalb einer Erweiterung der Relationenalgebra.

Transaktionen

Konsistenzerhaltende Operationen, welche eine Datenbank aus einem konsistenten Zustand wieder in einen solchen überführen, werden als *Transaktionen* bezeichnet. Nun berührt eine typisch administrative Transaktion wie Kassabestand abfragen, Adresse mutieren oder Konto eröffnen normalerweise nur wenige Datensätze und endet deshalb nach kurzer Dauer. Im Gegensatz dazu sind Transaktionen zum Entwurf von Maschinenteilen oder zur rechtsgültigen Nachführung von Grundstückparzellen von langer Dauer, da sie Tage oder sogar Monate beanspruchen. Herkömmliche Transaktionskonzepte wie Sperren von Daten bei Konkurrenz oder Zurücksetzen und Wiederanlaufen von Transaktionen bei Konfliktsituationen (Recovery) sind für einen Ingenieur unzumutbar, investiert er doch für eine einzige konsistenzerhaltende Transaktion oft mehrere Tage oder Wochen. Wegen konkurrierendem Zugriff kann deshalb eine seit Tagen dauernde Entwurfsarbeit nicht einfach rückgängig gemacht werden, vielmehr muss das Datenbanksystem die Kontrolle von langandauernden Transaktionen übernehmen.

Die vorliegende Arbeit erläutert die angesprochenen Erweiterungen relationaler Datenbanksysteme im Detail. Dazu werden vorerst in Kapitel 2 drei wichtige Beispiele technischer Anwendungen erklärt, welche die späteren Konzepte illustrieren.

Kapitel 3 stellt die Anforderungen an relationale Datenbanksysteme aus dem administrativen und dem technisch-wissenschaftlichen Bereich einander gegenüber und deckt die notwendigen Erweiterungen relationaler Datenbanksysteme auf.

Kapitel 4 beschreibt die Konzepte von XRS (extended relational system) und gliedert sich analog dem oben gegebenen Erweiterungskatalog: Surrogate, Strukturbeschreibung, Mehrdimensionalität, Versionen, Tensoren und Transaktionen. Gleichzeitig werden die Erweiterungen anhand der im zweiten Kapitel erläuterten Anwendungsbeispiele aus dem Bereich geographischer Informationssysteme, Entwurf integrierter Schaltungen und rechnergestützter Konstruktion von Maschinenteilen illustriert.

Kapitel 5 erklärt die Systemarchitektur des erweiterten relationalen Datenbanksystems XRS und beschreibt wichtige Implementierungsaspekte.

Kapitel 6 zeigt, wie der geometrische Modellierer POLY eine Datenbank zur längerfristigen Speicherung der konstruierten Objekte verwendet.

2 Darstellung und Speicherung technischer Objekte in Tabellen

Das Kapitel illustriert drei Anwendungsbeispiele aus dem technisch-wissenschaftlichen Bereich und zeigt, wie die zugehörigen Objekte in Relationen gespeichert werden können. Abschnitt 2.1 beschreibt einen Parzellenplan als wichtigen Bestandteil eines geographischen Informationssystems, Abschnitt 2.2 erläutert einen logischen Entwurf einer integrierten Schaltung und Abschnitt 2.3 dokumentiert ein Beispiel aus der rechnergestützten Konstruktion von räumlichen Objekten, wie sie beim Maschineningenieurwesen üblich sind.

2.1 Geographische Informationssysteme

Der Aufbau eines geographischen Informationssystems verlangt mehrere Abstraktionsschritte und kann schichtenförmig organisiert werden [Meier 1986]. Als unterste Schicht dient ein Triangulationsnetz von Vermessungsfixpunkten. Diese werden durch Winkel- und Distanzmessungen in feinmaschigen Dreiecksnetzen bestimmt. Eine weitere Verdichtung erfolgt durch das Ausmessen von Polygonzügen als Grundlage der Parzellarvermessung. Schliesslich folgen sogenannte Mehrzweckkataster mit Registern und Planwerken über Nutzung, Versorgung und Entsorgung etc. bis hin zur Auswertung von Satellitenbildern.

Im Anwendungsbeispiel beschränken wir uns auf den wesentlichen Teil der Parzellarvermessung, nämlich auf das Beschreiben eines Parzellenplans zur konsistenten Nachführung der einzelnen Parzellen [Meier/Ilg 1986]. Der Einfachheit halber verzichten wir auf Bauten, Gewässer und Kulturarten und beschränken uns auf die geometrische Grundform eines Parzellenplans, nämlich auf Parzellen, Strecken und Punkte. Betrachten wir das Beispiel aus Abb. 2-1 mit den zugehörigen Tabellen [Meier 1985]: Die Relation PLAN enthält eine Nummer L# und eine Bezeichnung. Für jeden Plan sind in der Relation PARZELLE sämtliche Parzellen mit ihrer Identifikationsnummer Z#, der zum entsprechenden Plan gehörenden Nummer L# und dem Eigentümer angeführt. Die Relation STRECKE enthält neben der Streckennummer S# auch die beiden Nummern der Endpunkte der Strecke, nämlich Anfangs-P# und End-P#. Da jeder Parzellenplan vollständig überdeckt ist mit gegenseitig disjunkten Parzellen, merken wir uns für jede Strecke die Parzellennummer der linken und rechten Parzellenfläche im Attribut Linke-Z# resp. Rechte-Z#. Wir fassen also die Strecken als gerichtete Grössen auf und verwalten gleichzeitig die topologischen Beziehungen bezüglich Parzellenflächen und Grenzpunkten. Schliesslich speichern wir in der Tabelle PUNKT neben der bereits erwähnten

Punktnummer P# auch die Koordinaten in den Attributen X-Koord und Y-Koord sowie die Höhe ab.

PLAN

L#	Bezeichnung
L99	Im Grüt
..	

PARZELLE

Z#	L#	Eigentümer
Z1	L99	Meier
Z2	L99	Müller
Z3	L99	Nabholz
..		

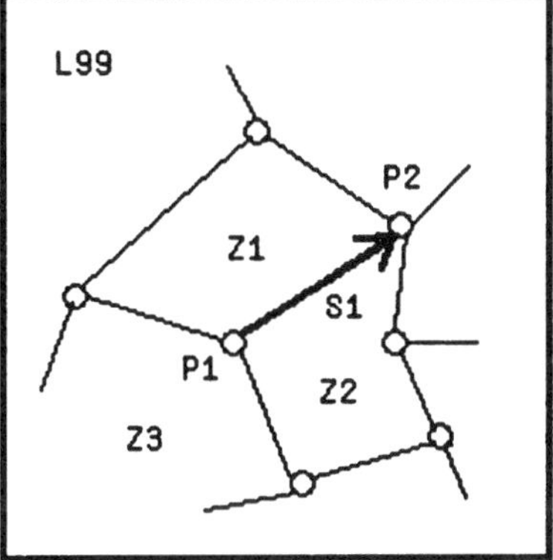

STRECKE

S#	Anfangs-P#	End-P#	Linke-Z#	Rechte-Z#
S1	P1	P2	Z1	Z2
..				

PUNKT

P#	X-Koord	Y-Koord	Höhe
P1	6123	2510	490
P2	6127	2517	491
..			

Abb. 2-1: Parzellenplan beschrieben durch Parzellen, Strecken und Punkte.

Als Beispiel einer Benutzerabfrage interessieren wir uns für sämtliche Parzellen, die im Punkt P1 zusammenstossen. Die im Abschnitt 1.2 erwähnte relationale Abfragesprache erlaubt, die gewünschten Parzellennummern in einer Resultatstabelle auszugeben: Wir nehmen sämtliche in P1 startenden Strecken und merken uns die linken Nachbarparzellen, welche mit den rechten Nachbarparzellen eingehender Strecken von P1 (mittels UNION) kombiniert werden. In SQL-Syntax lässt sich die Abfrage wie folgt ausdrücken:

```
SELECT Linke-Z#
FROM   STRECKE
WHERE  Anfangs-P# = P1
 UNION
SELECT Rechte-Z#
FROM   STRECKE
WHERE  End-P# = P1
```

Im Parzellenplan aus Abb. 2-1 werden als Resultat dieser Abfrage die Parzellennummern Z1, Z2 und Z3 berechnet. Das Beispiel zeigt, wie benutzerfreundlich und elegant beliebige geometrische und topologische Eigenschaften aus den Tabellen PLAN, PARZELLE, STRECKE und PUNKT extrahiert werden können.

Beim interaktiven Arbeiten mit einem geographischen Informationssystem sind relationale Datenbanksysteme ungenügend effizient. Der Grund liegt im Relationenmodell selbst, welches alle Informationen in Tabellen organsiert, unabhängig davon, ob es sich um strukturierte Objekte handelt oder nicht. Wollen wir z.B. unseren Plan mit der Nummer L99 aus der Datenbank entfernen, so müssen wir in den Tabellen PLAN, PARZELLE, STRECKE und PUNKT sämtliche vom Plan L99 abhängigen Tupel durch entsprechende Löschbefehle eliminieren. Im Relationenmodell werden zwar Beziehungen über gemeinsame Merkmalwerte hergestellt, doch kennt das System selbst die Struktur der in verschiedenen Tabellen abgelegten Teilobjekte nicht.

Als weiterer Nachteil erweist sich die Forderung der Ersten Normalform. Diese verlangt, dass die einzelnen Datenwerte der Merkmale atomar und somit ebenfalls ohne Struktur sein müssen [Ullman 1982]. Aufgrund dieser Forderung haben wir beispielsweise die Koordinaten in der Tabelle PUNKT auf die drei Merkmale X-Koord, Y-Koord und Höhe komponentenweise verteilt. Mit anderen Worten ist es nicht erlaubt, im Relationenmodell Vektoren oder andere strukturierte Typen wie z.B. Matrizen oder Tensoren als Merkmale vorzusehen, eine untragbare Forderung für den technischen Anwendungsbereich.

2.2 Entwurf integrierter Schaltungen

Der rechnergestützte Entwurf und die Entwicklung einer integrierten Schaltung umfassen alle Arbeiten von der Spezifikation bis zum Testen der fertigen Schaltung. Aufgrund der grossen Vielfalt der notwendigen Arbeitsschritte beschränken wir uns auf den logischen Entwurf von Modulen und Teilmodulen sowie das Festlegen von Verbindungen mit zugehörigen Signalen.

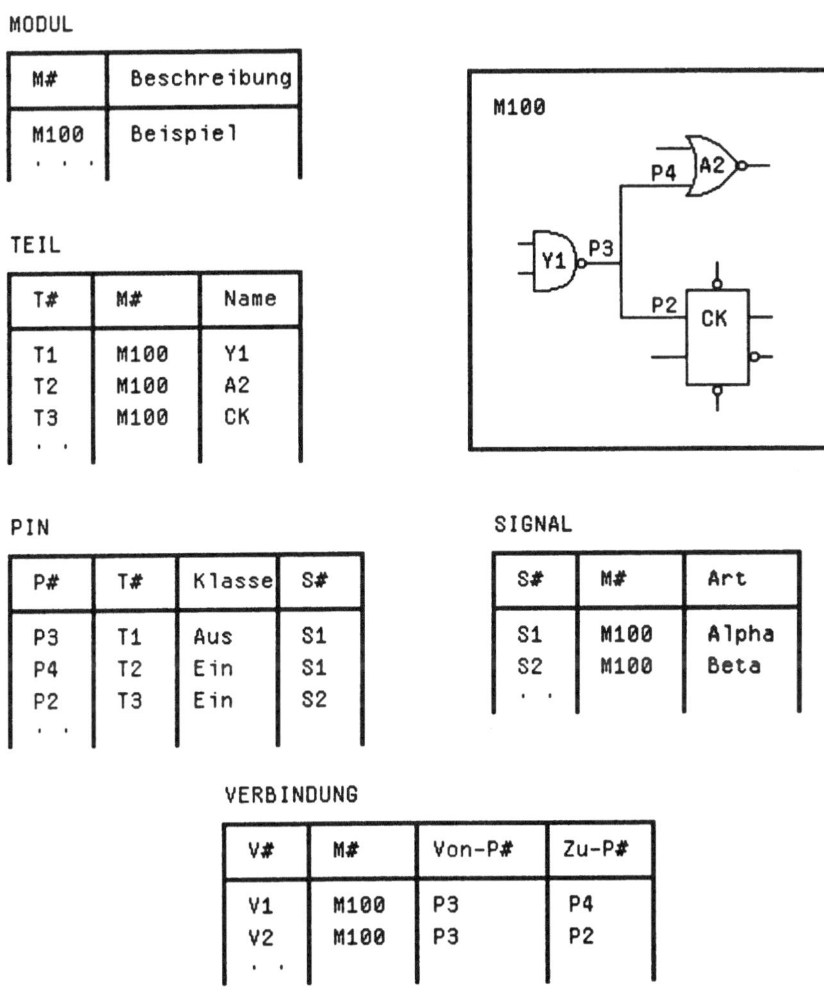

MODUL

M#	Beschreibung
M100	Beispiel
. . .	

TEIL

T#	M#	Name
T1	M100	Y1
T2	M100	A2
T3	M100	CK
. .		

PIN

P#	T#	Klasse	S#
P3	T1	Aus	S1
P4	T2	Ein	S1
P2	T3	Ein	S2
. .			

SIGNAL

S#	M#	Art
S1	M100	Alpha
S2	M100	Beta
. .		

VERBINDUNG

V#	M#	Von-P#	Zu-P#
V1	M100	P3	P4
V2	M100	P3	P2
. .			

Abb. 2-2: Beschreibung eines logischen Entwurfs einer Schaltung in Tabellen.

In der Abb. 2-2 zeigen wir einen Ausschnitt eines einfachen logischen Moduls, welches unterschiedliche Teile mit verschiedenen Verbindungen enthält. Verzichten wir im Moment auf die geometrische Anordnung der Schaltung, so können wir beispielsweise die folgenden Tabellen einführen [Haskin/Lorie 1982a]: MODUL, TEIL, PIN, VERBINDUNG und SIGNAL. Da jedes Modul aus mehreren Teilen besteht, beschreiben wir diese Abhängigkeiten mit Hilfe der Modulnummer M# in der Tabelle TEIL. Analog verwenden wir die Modulnummer M# in den Tabellen VERBINDUNG (logische Verbindungen zwischen einzelnen Modulen) und SIGNAL. Weiter dient die Nummer der Teile T# in der Tabelle PIN der Zuordnung von Pins zu entsprechenden Modulteilen. Die Tabelle VERBINDUNG ergänzen wir durch die beiden Merkmale Von-P# und Zu-P#, welche die logischen Verbindungen von und zu den Pins charakterisieren. Schliesslich beschreiben wir die Zuordnung der Signale aus der Tabelle SIGNAL zu den entsprechenden Pins, indem wir die Signalnummer S# in der Tabelle PIN anführen, ergänzt durch die Klassifizierung der Pins als Ein- oder Ausgabe.

Möchte man zusätzlich die Grösse und die gegenseitige Lage der Teile samt ihren Verbindungen beschreiben, so könnte man z.B. die Tabelle TEIL um zwei Koordinatenpaare ergänzen, welche die Koordinaten der linken unteren und diejenigen der rechten oberen Ecke des (das Teil umschreibenden) Rechtecks enthielten. Auch die Tabelle PIN müsste um ein Koordinatenpaar ergänzt werden, zur Festlegung des Ortes der Ein- und Ausgänge. Zusätzlich könnten die logischen Verbindungen um eine Tabelle GEOMETRISCHE-VERBINDUNG erweitert werden, welche die genaue Lage der Verbindungen mit Hilfe von achsenparallelen Strecken wiedergäbe.

Wir betrachten nun ein Beispiel einer Benutzerabfrage, die sich auf die Tabellen aus der Abb. 2-2 bezieht. Möchten wir z.B. pro Modulteil sämtliche Klassen von Pins des Moduls mit der Nummer M100 auflisten, so können wir die folgende Abfrage formulieren:

```
SELECT T#, Klasse
FROM   MODUL, TEIL, PIN
WHERE  MODUL.M# = M100 AND
       MODUL.M# = TEIL.M# AND
       TEIL.T# = PIN.T#
```

Das Beispiel illustriert, wie sich ohne grossen Programmieraufwand beliebige Eigenschaften aus den Tabellen berechnen lassen. Der Benutzer spezifiziert lediglich, was er wünscht; das Datenbanksystem hingegen übernimmt die Suche nach der gewünschten Information, indem es den mengentheoretischen Ausdruck SELECT...FROM...WHERE in Datenbankaufrufe übersetzt.

Trotz dieser Eleganz relationaler Abfrage- und Manipulationssprachen zeigen relationale Datenbanksysteme bei Beispielen obiger Art grosse Nachteile hinsichtlich der Effizienz. Ein einzelnes Modul wird durch verschiedene Tabellen beschrieben, die das Datenbanksystem unabhängig verwaltet. Fragen wir z. B. nach den Pinklassen des Moduls mit der Nummer

M100, so müssen die Verbundoperationen zwischen MODUL, TEIL und PIN berechnet werden (vergl. obige Abfrage mit den Verbundprädikaten MODUL.M# =TEIL.M# und TEIL.T# =PIN.T#). Diese sind aufwendig, benötigen Zeit und müssen bei jeder solchen Abfrage ausgewertet werden, da die Struktur eines Moduls dem Datenbanksystem nicht bekannt ist.

Ein weiterer Effizienznachteil relationaler Datenbanksysteme ergibt sich bei geometrischen Abfragen. Wollen wir die geometrische Anordnung unseres logischen Entwurfs auf Korrektheit überprüfen (design rule checking), so bleibt dem Datenbanksystem normalerweise nichts anderes übrig, als die geometrischen Angaben in den Tabellen TEIL, PIN und GEOMETRISCHE-VERBINDUNG vollständig durchzu- kämmen. Mit anderen Worten lassen sich sogenannte *Bereich- und Nachbarschaftsfragen* mit herkömmlichen Datenbanksystemen selten effizient beantworten. Mit Bereichfragen beschränkt man Auswertungen auf bestimmte Regionen; so können z.B. alle Module oder Teile innerhalb eines Suchfensters für lokale geometrische Überprüfungen direkt aus der Datenbank selektiert werden. Mit Nachbarschaftsfragen lassen sich sämtliche Teile bestimmen, die mit einem bestimmten Teil in direkter Verbindung stehen, ohne dass ganze Tabellen durchsucht werden müssen.

2.3 Rechnergestützte Konstruktion

Unter rechnergestützter Konstruktion versteht man das Gestalten von Bau- oder Maschinenteilen, aber auch das Zusammensetzen einzelner Teile zu einem Ganzen mit Hilfe eines Computers. Somit reicht der Konstruktionsprozess vom Erstellen der erforderlichen Zeichnungen und Arbeitspläne bis zum fertigungstechnischen Planen eines Produktes.

Wir beschränken uns auf einige wesentliche geometrische Aspekte bei der rechnergestützten Konstruktion und beschreiben, wie ein dreidimensionales Objekt in einer relationalen Datenbank verwaltet werden kann. Dabei spielt die Geometrie nicht nur bei der Erfassung, Speicherung und Verwaltung der Konstruktionsdaten eine zentrale Rolle, sondern auch bei der Schnittberechnung oder Kollisionsprüfung dreidimensionaler Objekte, bei der Maschengenerierung für Finite Elementmethoden oder beim Ermitteln von Vorgabezeiten und Weginformationen für die Programmierung numerisch-gesteuerter Werkzeugmaschinen.

Aus der Vielfalt von Darstellungsformen zum Beschreiben dreidimensionaler Objekte greifen wir den Konstruktionsbaum über Primitiven heraus (vergl. z.B. [Baer et al. 1979], [Meier 1986] oder [Requicha 1980]). Jedes Objekt lässt sich als binärer Baum oder Konstruktionsbaum über Primitiven darstellen, wobei die Blätter Primitivkörper wie Würfel, Zylinder, Kugeln etc. repräsentieren und die Knoten für Operationen wie Vereinigung, Durchschnitt und Differenz resp. für Transformationen wie Skalierung, Translation und Rotation stehen. Ein Konstruktionsbaum ist also nichts anderes als die Repräsentation eines Booleschen Ausdruckes über Primitiven; die entsprechende Grammatik wird im Abschnitt 6.4.1 ausführlicher erläutert.

Betrachten wir als Beispiel das Objekt O1 aus Abb. 2-3 (resp. Abb. 6-4), welches wie folgt definiert ist: Der Einheitswürfel T200 mit Länge, Breite und Höhe 1.0 wird in Richtung x-Achse um den Faktor 2.0 skaliert und als neues Teilobjekt T201 abgelegt. Analog wird der Zylinder T501 definiert, indem man den Einheitszylinder T500 aus dem Koordinatenursprung in x-Richtung um 0.3 verschiebt. Der Zylinder T501 wird anschliessend vom Quader T201 durch die Mengenoperation Differenz subtrahiert und als Teilobjekt T702 abgelegt.

In der Abb. 2-3 sind die Relationen gegeben, die der Darstellungsform von Konstruktionsbäumen über Primitiven entsprechen. Da das Relationenmodell nur flache Tabellen kennt, müssen wir die durch die Darstellungsform gegebene Rekursivität aufbrechen. Wir definieren dazu die Tabelle OBJEKT und TEILOBJEKT, wobei wir uns für jedes Teilobjekt im Attribut Obj-O# die entsprechende Objektnummer merken.

OBJEKT

O#	Beschreibung
O1	Beispiel
..	

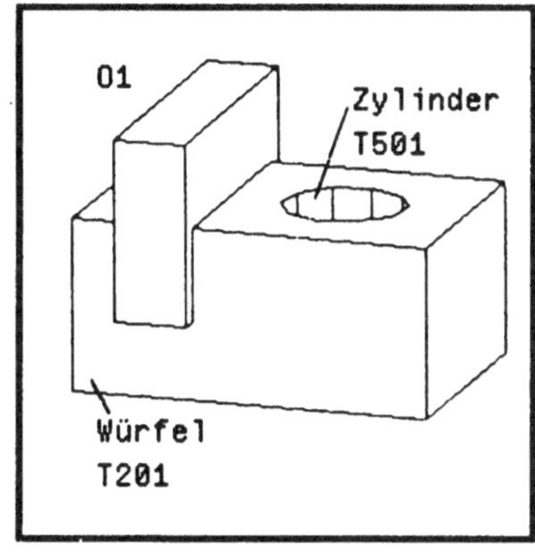

TEILOBJEKT

T#	Obj-O#	Art
T200	O1	primitiv
T702	O1	kombiniert
T201	O1	transformiert
..		

TRANSFORMIERTES-TEIL

T#	Teil-T#	Parameter1	Parameter2	Parameter3	Typ
T201	T200	2.0	1.0	1.0	skaliert
T501	T500	0.3	0.0	0.0	verschoben
..					

PRIMITIVES-TEIL

T#	Art
T200	Würfel
T500	Zylinder
..	

ZYLINDER

T#	Radius	Höhe

WÜRFEL

T#	Länge	Breite	Höhe
T200	1.0	1.0	1.0
..			

KOMBINIERTES-TEIL

T#	Erstes-T#	Zweites-T#	Operation
T702	T201	T501	Differenz
..			

Abb. 2-3: Räumliches Objekt O1 dargestellt durch Würfel und Zylinder.

Gleichzeitig führen wir im Attribut Art der Tabelle TEILOBJEKT einen Hinweis, ob es sich beim Teilobjekt um ein transformiertes, primitives oder kombiniertes Teil handelt. Auch diese Struktureigenschaft, die einer Generalisierung entspricht, wird indirekt durch ein benutzerdefiniertes Attribut erklärt. Somit erhalten wir drei Tabellen, die zu dieser Generalisierungshierarchie gehören: TRANSFORMIERTES-TEIL, PRIMITIVES-TEIL und KOMBINIERTES-TEIL. Bei der Tabelle TRANSFORMIERTES-TEIL merken wir uns in der Nummer Teil-T#, welches Teil durch welche Transformation (vergl. den Typ für Skalierung, Translation oder Rotation) mit welchen Parametern abgebildet wurde; die drei Parameter Param1, Param2 und Param3 stellen bei der Skalierung die Streckungsfaktoren, bei der Translation die Verschiebungsgrössen und bei der Rotation die Drehwinkel dar. Eine zweite Generalisierungshierarchie steckt in der Tabelle PRIMITIVES-TEIL, da jedes Primitivteil entweder ein Würfel, ein Zylinder, eine Kugel oder ein Kegel ist. Die entsprechenden Parameter im Attribut Art der Tabelle PRIMITIVES-TEIL charakterisieren verschiedene Ausprägungen von Primitiven, welche in eigenen Tabellen wie WÜRFEL oder ZYLINDER abgelegt werden. In der Relation KOMBINIERTES-TEIL verwalten wir die beiden Nummern der Teilobjekte Erstes-T# und Zweites-T#, welche in die Operation Vereinigung, Differenz oder Durchschnitt eingehen.

Das Beispiel illustriert, wie umständlich Teilchenstrukturen und Generalisierungshierarchien im Relationenmodell ausgedrückt werden müssen. Insbesondere liegt es in der Verantwortung des Benutzers, dass sämtliche Nummern zur Beschreibung der Struktureigenschaften der Teilobjekte konsistent vergeben und nachgeführt werden.

Auch die Einschränkung der Ersten Normalform ist offensichtlich. Beispielsweise können transformierte Teilobjekte nicht einfach mittels entsprechender Matrizen charakterisiert werden, vielmehr führen wir anstelle von 3×3 Matrizen (resp. neun Attributen!) aus diesem Grund lediglich drei Attribute für die Transformationsparameter und ein weiteres Attribut für den Typ der Transformation ein.

3 Anforderungen an technische Datenbanksysteme

Das Kapitel stellt die wichtigsten Anforderungen an Datenbanksysteme für technische Anwendungen zusammen, indem bestehende Datenbanksysteme auf ihre Funktionalität hin überprüft werden. Abschnitt 3.1 vergleicht die Kriterien beim Einsatz von Datenbanken im administrativen wie im technischen Bereich, Abschnitt 3.2 leitet daraus einen Anforderungskatalog für Erweiterungen ab.

3.1 Vergleich von administrativen und technischen Datenbankanwendungen

Im folgenden werden die Anforderungen an ein Datenbanksystem vom Verwaltungs- und Ingenieurbereich her verglichen (Abb. 3-1). Dabei stechen wichtige Unterschiede ins Auge:

Datenbeschreibung
Zur Datenbeschreibung (Datenobjekt, Datentyp) administrativer Fakten werden einfache Datensätze oder mehrere Datensätze des gleichen Typs benötigt. Hingegen sind technische Daten meistens aus Sätzen unterschiedlicher Typen komponiert, d.h. sie zeigen eine heterogene Struktur. Zusätzlich sind geometrische und topologische Eigenschaften unter den Daten zu berücksichtigen. Im Gegensatz zu den Datenfeldern administrativer Daten verlangen technische Daten spezielle Felder zum Speichern von Bildern, Matrizen, Tensoren, Textelementen, Masszahlen etc.

Transaktionen
Unter einer Transaktion versteht man eine Menge konsistenzerhaltender Operationen, welche die Datenbank aus einem konsistenten Zustand wieder in einen solchen überführen. Eine typische administrative Transaktion verarbeitet normalerweise nur wenige Datensätze und endet deshalb nach kurzer Dauer. Im Gegensatz dazu sind Transaktionen zum Entwurf von integrierten Schaltungen oder Maschinenteilen oder zur rechtsgültigen Nachführung von Parzellen von langer Dauer. Herkömmliche Transaktionskonzepte wie Sperren von Daten bei Konkurrenz oder Zurücksetzen einer Transaktion bei einer Konfliktsituation gelten bei technischen Anwendungen nicht mehr in gleicher Weise wie bei administrativen Datenbankanwendungen.

Archivierung
Die Archivierung administrativer Daten basiert auf einem Generationenprinzip: Periodisch werden die aktuellen Daten gemäss einem vorgeschriebenen Zyklus kopiert und separat aufbewahrt. Im Ingenieurbereich bedarf dieser Archivierungsprozess ebenfalls einer

Erweiterung. Beim Entwurf von technischen Objekten wird oft an verschiedenen Versionen gearbeitet, oder es werden Varianten definiert. Diese mehrfache Sicht gleicher oder verwandter Daten ist typisch in der Ingenieurarbeit. Neben der Verwaltung von Versionen müssen auch Messresultate, statistische Informationen oder Auswertungen von Simulationen in ein und derselben Datenbank abgelegt werden können.

	VERWALTUNGSBEREICH	INGENIEURBEREICH
Daten	- einfache Datensätze - wenig strukturierte Daten	- Menge inhomogener Datensätze - komplex strukturierte Daten
Datentyp	- formatierte Daten wie Skalare und Zeichenketten fester Länge	- formatierte Daten wie Vektoren und Matrizen - nicht formatierte Daten wie Text, Bilder etc.
Transaktion	- wenige Datensätze - kurze Dauer - Einheit für Konsistenz *und* Recovery	- viele verschiedene Datensätze - oft lange Dauer - Einheit für Konsistenz, *nicht* für Recovery
Archivierung	- einfache Repräsentation - Generationenprinzip	- mehrfache Repräsentationen - Versionenkontrolle - Verwaltung von Mess- und Zeitreihen

Abb. 3-1: Unterschiedliche Anforderungen an ein Datenbanksystem.

Der Vergleich der Anwenderbedürfnisse aus Verwaltungs- und Ingenieurbereich zeigt deutliche Unterschiede. Nun haben sich heutige Datenbanksysteme vorwiegend an den Bedürfnissen des Dienstleistungssektors orientiert und die Anforderungen der technisch-wissenschaftlichen Seite eher vernachlässigt. Andererseits hat der immense Zuwachs technischer Daten und der erweiterte Anwendungsbereich im Ingenieurwesen das Datenverwaltungsproblem zwangsläufig aktualisiert. Deshalb sind viele Bestrebungen im Gange, die in unterschiedlichen Arbeitsstufen anfallenden administrativen wie technischen Daten gemeinsam zu erfassen. Auch die Datenbankforschung hat das *Integrationsproblem* erkannt und sucht nach neuen Konzepten ([Blaser/Pistor 1985], [Dittrich et al. 1985], [Härder/Reuter 1983] oder [Haskin/Lorie 1982b]).

3.2 Anforderungskatalog für technische Datenbanksysteme

Aus der Kenntnis einiger technischer Anwendungen wie geographische Informationssysteme, Entwurf integrierter Schaltungen und rechnergestütztes Konstruieren von Maschinen und Werkzeugen sowie dem Entwicklungsstand heutiger relationaler Datenbanksysteme ergeben sich die folgenden Anforderungen:

1. *Identifikation grafischer und geometrischer Information:* Die meisten technischen Anwendungen verwenden eine grafisch-interaktive Schnittstelle zur Veranschaulichung von Konstruktionsteilen, Plänen, Zeichnungen etc. Beim Identifizieren von Objekten, Teilobjekten oder Ausschnitten von grafischen Darstellungen können die logischen Ein- und Ausgabegeräte wie Lokalisierer, Wertgeber, Auswähler, Picker u.a. eingesetzt werden (vergl. Entwicklung des Graphischen Kernsystems GKS [Enderle et al. 1984] und [Kansy 1985]), eine direkte Abbildung von Identifikationsnummern ins Datenbanksystem ist hingegen ausgeschlossen. Ein relationales Datenbanksystem verlangt die Definition von Identifikationsschlüsseln durch den Benutzer; diese sind entweder naturgemäss gegeben oder müssen künstlich gewählt werden. So sind beispielsweise die Punkte bei der Parzellarvermessung von je her mit Identifikationsnummern versehen und durch Steine, Bolzen oder Kunstoffmarken vermarcht. Beim Entwurf einer integrierten Schaltung oder eines Maschinenteils sind die Eckpunkte von Rechtecken, Polyedern oder anderen geometrischen Grundformen hingegen selten durch spezielle Nummern versehen, sondern durch die Koordinaten selbst charakterisiert. Aus diesen Gründen sollte ein relationales Datenbanksystem zur Verwaltung technischer Daten ein systemkontrolliertes Identifikationssystem anbieten, welches sich für das Identifizieren wie auch für das Arbeiten mit einer grafischen Schnittstelle eignet.

2. *Strukturbeschreibung technischer Objekte und Teilobjekte:* Wie wir gesehen haben, sind die Daten technischer Anwendungen meistens stark strukturiert, oft können sie auch in einen hierarchischen Bezug gebracht werden ([Encarnação/Krause 1982] oder [Katz 1985]). Sind die Daten von Natur aus strukturiert, so müssen sie aufgrund von Normalisierungsregeln in einem Datenbankentwurf (vergl. z.B. [Zehnder 1985]) durch verschiedene Tabellen beschrieben werden. Die Beziehungen zwischen den einzelnen Tabellen basieren ausschliesslich auf benutzerdefinierten Attributen und bleiben dem Datenbanksystem unbekannt. Gleichzeitig ist der künftige Benutzer für die konsistente Nachführung von Beziehungen verantwortlich. Bei technischen Anwendungen belastet dies nicht nur den Ingenieur, auch das Datenbanksystem büsst an Effizienz ein. In den früheren Beispielen haben wir bereits gesehen, dass technische Objekte in mehreren Tabellen zerstreut abgelegt sind und beim Zugriff mühsam durch das Datenbanksystem zusammengesucht werden müssen. Es liegt deshalb auf der Hand, dass die Struktur der technischen Objekte auch im Relationenmodell durch eine adäquate Modellierung erhalten bleiben muss.

3. *Geometrische Bereich- und Nachbarschaftsfragen:* Viele technische Anwendungen beziehen sich auf geometrische oder grafische Information. Grundlegende Suchprozesse wie das Lokalisieren von Punkten im Raum oder das Bestimmen nächster Nachbarn sind mehrdimensionale Problemstellungen und müssen durch spezielle Datenstrukturen und Algorithmen bearbeitet werden ([Meier 1986], [Mehlhorn 1984] oder [Preparata/Shamos 1985]), um Effizienz zu garantieren. Unter mehrdimensionalen Dateien versteht man solche, die den Zugriff auf Datensätze mit mehreren Schlüsseln unterstützen. Im Gegensatz zu invertierten Dateien strebt man jedoch bei mehrdimensionalen Dateien an, dass keiner der Schlüssel die Reihenfolge bei der Speicherung der Datensätze bestimmt. Solche Dateien heissen symmetrisch und unterstützen besonders Bereich- und Nachbarschaftsfragen. Bei einer Bereich- oder Teilbereichfrage spezifiziert man für alle oder einen Teil der Schlüssel einen Bereich und sucht nach sämtlichen Datensätzen, die in diesem mehrdimensionalen Raum oder Unterraum liegen. Bei einer Nachbarschaftsfrage können zu einem bestimmten Datensatz sämtliche Datensätze im mehrdimensionalen Raum evaluiert werden, die in topologischer Beziehung wie Berührung, Inklusion oder Exklusion stehen. Ein relationales Datenbanksystem für die Verwaltung technischer Objekte muss deshalb mehrdimensionale Speicher- und Zugriffskonzepte integrieren.

4. *Versionenkontrolle:* Besonders beim rechnergestützten Entwerfen und Konstruieren von technischen Objekten müssen Versionen, d.h. unterschiedliche Entwicklungs- und Änderungsstufen der Objekte durch das Datenbanksystem verwaltet werden können. Übernimmt jede Anwendung selbst diese Verwaltungsfunktion, so ergeben sich dieselben Schwierigkeiten wie beim Arbeiten mit individuellen Dateien: Die Integration der Daten ist gering, Fehler und Inkonsistenzen können jederzeit auftreten. Es gilt deshalb, unterschiedliche Versionen zu kennzeichnen und eventuelle Abhängigkeiten unter den Versionen verwalten zu können. Solche Abhängigkeiten müssen nicht ausschliesslich von zeitlicher Natur sein, da im technischen Anwendungsbereich Versionen z.B. durch unterschiedliche Formgebung oder Materialwahl gebildet werden. Dabei stellt sich beim Verwenden eines Datenbanksystems die Frage, ob die einzelnen Versionen redundanzfrei oder nicht redundanzfrei abgespeichert werden sollen. Wir betonen, dass gerade bei technischen Anwendungen der Mehrfachspeicherung gleicher Information (Redundanz) ein besonderes Gewicht zukommt: So legt man beim Arbeiten mit einer grafischen Schnittstelle oft redundante Informationen in den Datenstrukturen an, um die Effizienz beim interaktiven Arbeiten zu steigern. Auf alle Fälle sollte ein Datenbanksystem für technische Anwendungen über eine Versionenkontrolle verfügen, die ohne grössere Effizienzeinbusse und im allgemeinen ohne Bevorzugung einzelner Versionen gegenüber anderen Versionen auskommen sollte.

5. *Vektorgeometrie und Matrizenalgebra:* Da die meisten technischen Anwendungen einen geometrischen Bezug haben, müssen elementare Operationen aus der Vektorgeometrie oder der Matrizenalgebra im Datenbanksystem direkt integriert werden. Auch allgemeine

Tensoren sind bedeutend, z.B. beim Darstellen von sogenannten Freiformkurven und -flächen ([Böhm et al. 1984] oder [Faux/Pratt 1981]). Unter Freiformkurven und -flächen versteht man Approximationen von Kurven und Flächen, wie sie beim rechnergestützten Entwurf z.B. von Fahrzeugen, Schiffen oder Flugzeugen Anwendung finden. Da ein relationales Datenbanksystem aufgrund der Ersten Normalform keine strukturierten Grössen zulässt, muss es um Datenstrukturen und Operationen z.B. aus der Tensorrechnung erweitert werden. Wichtig ist, dass strukturierte Grössen wie Vektoren, Transformationsmatrizen oder Kurven und Flächen in Tensorschreibweise direkt in einer relationalen Datenbank abgespeichert werden können und nicht komponentenweise verwaltet werden müssen.

6. *Datenkommunikation:* Schon von der Grösse her bilden die Datenbestände bei technischen Anwendungen ein Problem für sich. Neben der sauberen Datenhaltung kommt deshalb dem Datenaustausch eine besondere Bedeutung zu. Dabei sollte ein Datenbanksystem die verschiedenen Anforderungen aus technischem Büro, Werkstatt oder Fertigungshalle weitgehend unterstützen. Dies kann dadurch geschehen, dass eine technische Datenbank geographisch verteilt angelegt wird, oder dass sie ein spezielles Konzept unter technischen Arbeitsplätzen anbietet (engineering workstation). Heute sind grosse Bestrebungen im Gange, die Protokolle sowie Datenaustauschformate zu standardisieren. Beispielsweise wird beim sogenannten MAP (manufacturing automation protocol) [Kaminski 1986] eine Breitbandlösung für Datenaustausch in technischen Büros und Fabrikhallen definiert, welches als lokales Netz auf dem inzwischen standardisierten OSI (open system interconnection reference model der International Organization for Standardization #7498) basiert. Das Transaktionskonzept eines Datenbanksystems muss deshalb neben der Berücksichtigung langandauernder Transaktionen bei technischen Anwendungen auch die Arbeitsweise zwischen zentraler Datenbank und lokalen Datenbeständen für unterschiedliche Arbeitsplätze (z.B. Planung, Entwurf, Konstruktion oder Fertigung) berücksichtigen.

4 Erweiterungen des Relationenmodells

Im folgenden Kapitel beschreiben wir die Konzepte von XRS, dem erweiterten relationalen System mit entsprechenden Speicher- und Zugriffsstrukturen für technische Objekte. Abschnitt 4.1 führt systemvergebene Identifikationsschlüssel genannt Surrogate ein. Diese ergänzen den klassischen Relationenbegriff und eignen sich zur Definition von strukturierten Objekten (Abschnitt 4.2), raumbezogenen Objekten (Abschnitt 4.3) sowie zur Versionenkontrolle (Abschnitt 4.4). Abschnitt 4.5 diskutiert die Einbettung der Tensoralgebra in die Relationenalgebra. Konsistenzerhaltende Transaktionen und deren Synchronisation werden im Abschnitt 4.6 erläutert. Abschnitt 4.7 vergleicht die Konzepte von XRS mit anderen Vorschlägen in bezug auf Datenmodellierung, Konsistenzbedingungen, Versionenverwaltung und Mehrbenutzeraspekten.

4.1 Surrogatkonzept

Im klassischen Relationenmodell lassen sich einzelne Tupel einer Relation durch benutzerdefinierte Merkmalwerte identifizieren. Die Benutzerverantwortung für den Identifikationsschlüssel führt zu den erwähnten praktischen Schwierigkeiten in der Ingenieurarbeit. Beispielsweise können wir vom Benutzer einer grafischen Schnittstelle nicht verlangen, dass er jedem Teil eines technischen Objektes eine eindeutige Identifikation zuordnet. Beim rechnergestützten Konstruieren nutzt man die Möglichkeiten eines Griffels oder einer Maus und erwartet, dass das System grafische Primitiven oder Segmente identifiziert und automatisch den entsprechenden Objekten oder Teilobjekten der Datenbank zuordnet.

Ein weiteres Problem bei einem benutzerkontrollierten Identifikationssystem ergibt sich aus der Veränderlichkeit der Datenbestände bei technischen Anwendungen. Trotz weitsichtiger Planung ändert sich praktisch jedes vom Benutzer festgelegte Identifikationssystem früher oder später. Dies erschwert eine lückenlose Buchführung technischer Datenbestände und behindert damit den Datenaustausch; zusätzlich kompliziert ein benutzerkontrolliertes Identifikationssystem das Vereinen von Datenbeständen innerhalb einer Unternehmung.

Hall, Owlett und Todd [Hall et al. 1976] haben die geschilderten Probleme vor allem bei administrativen Anwendungen frühzeitig erkannt und darauf zurückgeführt, dass der Benutzer versucht ist, einem Identifikationsschlüssel eine Bedeutung zu geben. Zur Lösung schlugen sie die Einführung von Surrogaten vor:

Definition: Ein *Surrogat* ist ein vom System vergebener, invarianter Merkmalwert, welcher jedes Tupel der Datenbank eindeutig identifiziert.

Die Einführung von Surrogaten eignet sich besonders als Basis von technischen Datenbanken für den Ingenieur [Meier/Lorie 1983a]. Surrogate können als invariante Merkmalwerte der Datensätze an verschiedenen Stellen innerhalb der Datenbank zur Definition von *systemkontrollierten Beziehungen* benutzt werden. Im Gegensatz dazu sind Benutzerschlüssel unter der Kontrolle des Anwenders und ihre Invarianz wird unter Umständen nicht garantiert.

Die meisten der erwähnten Mängel herkömmlicher Identifikationssysteme für Datenbanken lassen sich eliminieren, falls man den Surrogatwerten die folgenden Restriktionen auferlegt:

- Jeder Surrogatwert ist innerhalb des Datenbanksystems *systemweit eindeutig* und setzt sich z.B. aus Prozessornummer, Identifikation der Datenbank und Uhrzeit (aktuelle Zeit beim Einfügen eines Tupels in die entsprechende Relation) oder anstelle der Uhrzeit aus Relationennamen, Versionennummer und Laufnummer (siehe Abschnitt 4.4.1) zusammen.
- Das Surrogat wird vom System in eigener Verantwortung generiert. Die Surrogatwerte können vom Benutzer verwendet, aber *nicht verändert* werden. Ein einmal vergebener Surrogatwert wird *nicht wiedervergeben*, auch dann nicht, wenn das zugehörige Objekt nicht mehr existiert.

Das Surrogat bildet ein mächtiges Instrument für die Verwaltung technischer Objekte in relationalen Datenbanken. Insbesondere erlaubt es neben der Vermeidung der erwähnten Mängel auch neue Typen von Relationen sowie versionenbehaftete Relationen gemäss Abb. 4-1 einzuführen: Zunächst gibt es die klassische Relation oder K-Relation, welche der Relation des klassischen Relationenmodells entspricht, hingegen mit einer Verallgemeinerung der Ersten Normalform für tensorielle Grössen (vergl. Abschnitt 4.5). Eine zweite Erweiterung bildet die hierarchische Relation oder H-Relation als baumartiges Konstrukt bestehend aus einer Wurzelrelation und abhängigen Relationen. Die H-Relation dient zur Erfassung und Verwaltung hierarchisch strukturierter Objekte, wie sie in vielen technischen Anwendungen vorkommen. Die mehrdimensionale Relation oder M-Relation bildet die dritte Erweiterung und unterstützt die Modellierung raumbezogener Objekte. Sie enthält unter anderem einen mehrdimensionalen Schlüssel, d.h. eine Menge von Schlüsselbereichen, die bezüglich jeder Dimension gleichberechtigt sind und zusammen jeden Datensatz eindeutig identifizieren.

Die unterschiedlichen Typen von Relationen haben sowohl in der realen Welt wie auf der Ausprägungsebene Entsprechungen. Ein Objekt, das auf eine K-Relation abgebildet wird, heisst einfaches Objekt. Ein Objekt heiss strukturiert, wenn es sich auf eine H-Relation bezieht und raumbezogen, wenn es auf eine M-Relation abgebildet wird. Analog sprechen wir auf der Ausprägungsebene von klassischen, hierarchischen, oder mehrdimensionalen Tupeln.

Reale Welt	Erweitertes Relationenmodell	Ausprägungsebene
einfaches Objekt	klassische Relation oder K-Relation	klassisches Tupel oder K-Tupel
strukturiertes Objekt	hierarchische Relation oder H-Relation, bestehend aus Wurzelrelation und abhängigen Relationen	hierarchisches Tupel oder H-Tupel, bestehend aus Wurzeltupel und abhängigen Tupeln
raumbezogenes Objekt	mehrdimensionale Relation oder M-Relation	mehrdimensionales Tupel oder M-Tupel
Versionen eines Objektes (versionenbehaftetes Objekt)	(fragmentierte) Relation	Versionenmenge

Abb. 4-1: Äquivalente Begriffe auf drei Abstraktionsebenen.

Eine andere Gliederungsmöglichkeit besteht darin, bestimmte Ausprägungen einer K-, H- oder M-Relation als Versionen eines Objektes aufzufassen. Die verschiedenen Versionen desselben Objektes fassen wir zusätzlich zu Versionenmengen zusammen. Eine Relation kann somit mehrere Versionenmengen enthalten. Welche Ausprägungen einer Relation als Versionen bezeichnet werden und zu welcher Versionenmenge sie gehören, ist dem Benutzer überlassen. Hingegen gehört jede Version zu genau einer Versionenmenge und jede Versionenmenge enthält mindestens eine Version.

4.2 Strukturierte Objekte

4.2.1 K- und H-Relationen

Im klassischen Relationenmodell ist eine Relation eine Teilmenge des kartesischen Produkts von Attributwertebereichen. Ein Attribut oder eine Attributkombination muss als Schlüssel ausgezeichnet werden. Dieser Relationenbegriff lebt in unserem Modell in leicht modifizierter Form als klassische Relation oder K-Relation weiter. Wir entlasten jedoch den Benutzer von der Verantwortung für den Schlüssel und stellen statt dessen das Surrogat zur Verfügung.

Definition: Eine *K-Relation* R der Dimension n ist eine Teilmenge des kartesischen Produkts aus Surrogat S und einer Menge von n Wertebereichen $D_1,...,D_n$, d.h.

$$R \subset S \times D_1 \times ... \times D_n.$$

Die K-Relation R ist somit eine Menge von Tupeln $(s, d_1, ..., d_n)$, die *K-Tupel* genannt werden. Die Wahl der Wertebereiche D_i ist im klassischen Relationenmodell durch die Forderung der Ersten Normalform beschränkt: Attributwertebereiche müssen atomar sein, d.h. sie dürfen keine Struktur aufweisen. Wir lassen darüber hinaus gewisse strukturierte Typen wie Vektoren oder Matrizen zu, worauf wir im Abschnitt 4.5 näher eingehen.

Mit dem Surrogat ist ein direkter Zugriff auf ein Tupel möglich. Neben dem Surrogat können in gewohnter Weise als Zugriffshilfen Benutzerschlüssel deklariert werden. Diese sind unter ausschliesslicher Kontrolle des Benutzers, d.h. sie werden nicht vom System auf Konsistenz geprüft. An einer deskriptiven Schnittstelle ist eine K-Relation etwa wie folgt definiert:

```
RELATION OBJEKT
 ATTRIBUTE
    $O:            SURROGATE       /* Surrogat         */
    O#:            ObjectIdentifier
    Beschreibung:  String20
    ...
 KEY
    O#                             /* Benutzerschlüssel */
END OBJEKT
```

Das Attribut SURROGATE kann durch den Benutzer definiert werden, indem er einen beliebigen Namen vergibt. Wird auf die explizite Deklaration des Systemschlüssels SURROGATE verzichtet, wird dieser automatisch durch einen internen Namen vergeben. Zur besseren Unterscheidung des Surrogatnamens gegenüber anderen Merkmalnamen verwenden wir im folgenden oft das $-Zeichen.

Als Standardoperationen auf K-Relationen setzen wir die klassische Relationenalgebra mit Vereinigung, Differenz, kartesischem Produkt, Projektion und Selektion voraus; zusätzlich sei der Verbundoperator speziell erwähnt, wobei wir uns bei all diesen Operatoren an die üblichen Definitionen und Notationen halten (vergl. z.B. [Ullman 1982]).

Das wesentliche Konzept zur Modellierung strukturierter Objekte in einer relationalen Datenbank ist die hierarchische Relation oder H-Relation. Unter einer H-Relation verstehen wir ein hierarchisches (genauer: baumartiges) Konstrukt von K-Relationen. Sie besitzt eine ausgezeichnete Wurzelrelation, der abhängige Relationen zugeordnet sind. Diese Zuordnung geschieht dadurch, dass eine abhängige Relationen das Surrogat der direkt übergeordneten Relation als spezielles Attribut enthält.

Definition: Eine von einer Relation R_i *abhängige Relation* R_j ist Teilmenge des kartesischen Produkts aus Surrogat S_j, Fremdsurrogat S_i und einer Menge von n Wertebereichen $D_1,...,D_n$, d.h.

$$R_j \subset S_j \times S_i \times D_1 \times ... \times D_n.$$

Die Relation R_i ist entweder die Wurzelrelation oder selbst eine abhängige Relation. S_i ist das Surrogat von R_i und wird als *H-Referenz* bezeichnet. Die Tupel $(s_j, s_i, d_1, ..., d_n)$ heissen *abhängige Tupel*.

Definition: Eine *H-Relation* besteht aus einer K-Relation (Wurzelrelation) und einer Menge davon hierarchisch abhängiger Relationen.

Eine H-Relation lässt sich entweder als Aggregations- oder Generalisierungshierarchie [Smith/Smith 1977] auffassen. Diese unterschiedlichen Bedeutungen drücken wir durch die beiden Konstrukte PART-OF und IS-A aus [Meier 1986a]. Eine Aggregationshierarchie entspricht der klassischen Stückliste und wird durch eine H-Relation mit H-Referenzen vom Typ PART-OF charakterisiert. Dabei assoziieren wir einen Existenzquantor, da zu jedem Objekt mögliche Teilobjekte existieren.

```
RELATION TEILOBJEKT
 ATTRIBUTE
   $T:        SURROGATE          /* Surrogat     */
   $O:        PART-OF(OBJEKT)    /* H-Referenz   */
   Art:       String40
   ...
END TEILOBJEKT
```

Soll eine H-Relation eine Generalisierungshierarchie ausdrücken, so spezifizieren wir die H-Referenzen vom Typ IS-A. Zu diesem Konstrukt gehört implizite ein Allquantor dazu, indem Eigenschaften übergeordneter Tupel automatisch für sämtliche abhängigen Tupel gelten.

```
RELATION ZYLINDER
 ATTRIBUTE
    $Z:             SURROGATE
    Zugehörigkeit:  IS-A(PRIMITIVES-TEIL) /* H-Referenz */
    Radius:         Real
    Höhe:           Real
    ...
 END ZYLINDER
```

Selbstverständlich sind als Attribute auch beliebige Fremdsurrogate zugelassen. Solche allgemeinen Referenzen vom Typ REFERENCE führen zu netzwerkartigen Konstrukten. Im Gegensatz zu H-Referenzen können beliebige Referenzen zu zyklischen Datenbankschemas führen, mit der Eigenschaft, dass Verbundoperatoren ohne genaue Spezifikation der Verbundprädikate nicht mehr eindeutig berechnet werden können [Fagin 1983]. Zudem geht eine natürliche Clusterung von Tupeln bei nicht-zyklischen Datenbankschemas verloren. Aus diesen Gründen liegt die Verantwortung der konsistenten Nachführung von nicht-hierarchischen Referenzen vom Typ REFERENCE beim Benutzer (vergl. [Lorie et al. 1985]).

Da abhängige Relationen spezielle K-Relationen sind, gelten auf ihnen die üblichen relationalen Operationen. Für H-Relationen sind darüber hinaus der *implizite hierarchische Verbund* (siehe nächsten Abschnitt) und *mengenorientierte Operationen* zur Versionenkontrolle (siehe Abschnitt 4.4) zugelassen.

4.2.2 Impliziter hierarchischer Verbund

Als Beispiel betrachten wir eine spezielle H-Relation bestehend aus einer Wurzelrelation A, einer davon abhängigen Relation B sowie einer von B abhängigen Relation C. Der Einfachheit bezeichnen wir die entsprechenden Surrogate mit $A, $B resp. $C:

```
RELATION A
 ATTRIBUTE
    $A:         SURROGATE     /* Surrogat von A      */
    A#:         String20      /* Benutzerschlüssel   */
    Qualität:   Integer
 END A
```

```
RELATION B
 ATTRIBUTE
    $B:        SURROGATE       /* Surrogat von B        */
    $A:        PART-OF(A)      /* H-Referenz in B       */
    ...
 END B

RELATION C
 ATTRIBUTE
    $C:        SURROGATE       /* Surrogat von C        */
    $B:        PART-OF(B)      /* H-Referenz in C       */
    Name:      String10
    Qualität:  Integer
    ...
 END C
```

Aufgrund obiger H-Relation wollen wir im folgenden die beiden Datenbankabfragen diskutieren:

```
i)  SELECT  A.A#, C.Name              ii)  SELECT  A.A#, C.Name
    FROM    A, C                           FROM    A, B, C
    WHERE   A.Qualität =C.Qualität         WHERE   A.Qualität=C.Qualität
                                                    AND A.$A=B.$A
                                                    AND B.$B=C.$B
```

Beide Abfragen enthalten einen Verbundoperator bezüglich der Qualitätseigenschaften in den beiden Relationen A und C. Im Fall von i) wird der Verbund für alle Tupel aus A und C berechnet, welche dieselbe Qualität aufweisen; im Fall ii) beschränkt sich der Vergleich auf Tupel innerhalb desselben strukturierten Objektes.

Es ist offensichtlich, dass beim Arbeiten mit strukturierten Objekten ein Verbund entlang entsprechender H-Referenzen oft berechnet werden muss. Dieser verlangt für jede Stufe der H-Relation ein Verbundsprädikat zwischen dem Surrogat der übergeordneten Relation und der H-Referenz der abhängigen Relation. Wir können somit den folgenden impliziten Verbundoperator [Meier/Lorie 1983b] für H-Relationen vom obigen Typ einführen:

Definition: Ein Verbundoperator zwischen einer Relation A mit Surrogat A.$A und einer von A abhängigen Relation B mit H-Referenz B.$A heisst *impliziter Verbund* von A nach B und ist durch

A-B := JOIN (A, B | A.$A=B.$A)

definiert.

Ein impliziter Verbund ist ein natürlicher Verbund (equi-join vergl. z.B. [Ullman 1982]) zwischen den Merkmalen SURROGATE der übergeordneten Relation und PART-OF (oder IS-A) der abhängigen Relation. Aus diesem Grunde ist der Verbund A-B identisch mit B-A, d.h. der implizite Verbund zweier Relationen ist kommutativ.

Der implizite Verbund zwischen zwei abhängigen Relationen A und B kann zu einem linearen impliziten Verbund verallgemeinert werden:

Definition: Ein *linearer impliziter Verbundoperator* bezüglich einer H-Relation der obigen Form bestehend aus den Relationen A, B und C mit den zugehörigen Surrogaten $A, $B resp. $C ist wie folgt definiert:

A-C := JOIN (A-B, C | A-B.$B=C.$B).

Da ein linearer impliziter Verbund ein mehrfacher natürlicher Verbund ist, kommt der Reihenfolge der Verbundbildung grundsätzlich keine Bedeutung zu, d.h. A-C=(A-B)-C= A-(B-C). Die Assoziativität des linearen Verbundoperators dient jedoch einer effizienten Verbundstrategie und wird insbesondere bei Speicherorganisationen für H-Relationen ausgenutzt (vergl. Abschnitt 4.2.3).

Mit der Einführung des linearen impliziten Verbundoperators können wir die in ii) formulierte Abfrage wie folgt vereinfachen:

```
SELECT  A.A#, C.Name
FROM    A-C
WHERE   A.Qualität=C.Qualität
```

Beim Vergleich der Abfrage i) mit dem hier gegebenen Beispiel fällt auf, dass sich im ersten Fall der Qualitätsvergleich auf zwei unabhängige Relationen, im zweiten Fall auf zwei indirekt abhängige Relationen einer H-Relation bezieht. Der Einschränkung von Abfragen auf strukturierte Objekte wird also durch den impliziten Verbundoperator A-C Rechnung getragen.

Wir können nun den impliziten Verbund auf H-Relationen erweitern, die eine baumartige Struktur aufweisen. Betrachten wir dazu eine Wurzelrelation H mit zwei davon abhängigen Relationen I und K; entsprechende Surrogate seien durch $H, $I und $K bezeichnet.

Definition: Ein Verbundoperator auf einer H-Relation bestehend aus H, I und K mit Surrogaten $H, $I und $K heisst *impliziter hierarchischer Verbund* von I und K bezüglich H und ist durch

H-(I,K) := JOIN (H-I, H-K | H-I.$H=H-K.$H)

definiert.

Die Notation H-(I,K) sagt aus, dass Tupel in I und K entlang hierarchischer Referenzen unter demselben Tupel in H durch natürlichen Verbund gebildet werden. Diese Notation ist sehr allgemein und gilt für beliebige H-Relationen. Dabei müssen im Verbundoperator selbst nicht alle abhängigen Relationen aufgeführt werden (vergl. [Meier/Lorie 1983b]).

Der implizite hierarchische Verbund ist nicht nur bei Abfragen interessant, sondern kann auch bei Datenbankmanipulationen ausgenutzt werden. Zum Beispiel lassen sich beim Arbeiten mit H-Relationen die Einfüge-, Lösch- und Änderungsoperationen auf vollständige Objekte oder Teilobjekte erweitern. Dank dem impliziten Verbundoperator ist es in solchen Fällen möglich, den gewünschten Ausschnitt der H-Relation durch einen impliziten Verbund zu spezifizieren. Betrachten wir dazu ein Beispiel:

```
UPDATE  C USING A-C
SET     C.Qualität=7
WHERE   A.Name=TMX100
          AND C.Qualität=4
```

Im obigen Beispiel verwenden wir den impliziten linearen Verbundoperator A-C, um bei sämtlichen Objekten TMX100 die Qualitätseigenschaften anzupassen. Normalerweise sind Manipulationsoperationen durch sogenannte Sichten problematisch [Keller 1981], hier aber aufgrund der sauberen Semantik von H-Relationen und impliziten hierarchischen Verbundoperatoren unkritisch [Meier/Lorie 1983b].

4.2.3 Speicher- und Zugriffskonzepte für K- und H-Tupel

Zur Verwaltung von K- oder H-Tupeln auf physischen Seiten wird das indirekte TID-Konzept nach [Härder 1978] benutzt (TID = tuple identifier), um Änderungen innerhalb einer Seite möglichst lokal behandeln zu können. Die Adresse eines Tupels besteht aus zwei Teilen: Die erste Komponente bezeichnet die Seitennummer, die zweite stellt einen Index in eine Tabelle dar, die sich auf derselben Seite befindet und die relative Position in der Seite enthält. Dank diesem indirekten Adressberechnungskonzept haben Verschiebungen von Daten innerhalb einer Seite keine Änderungen im Zugriffspfad zur Folge, da sich die TIDs nicht ändern.

Um auch Manipulationen an Tupeln effizient zu vollziehen, die Verschiebungen von Daten über Seitengrenzen hinaus zur Folge haben, ist eine möglichst grosse Unabhängigkeit der Seiten anzustreben. Deshalb werden nur die Seiten selbst untereinander verkettet (Einträge an einem festen Platz im Seitenkopf), ansonsten sind keinerlei datenspezifische Angaben vorhanden, die über die Seiten hinweg verweisen.

Die wesentliche Anforderung an die physische Datenorganisation ist die hierarchische Clusterung von K- und H-Relationen [Meier et al. 1986]. Dies bedeutet, dass auf unterster Ebene abhängige Tupel eines H-Tupels möglichst zusammen mit den übergeordneten Tupeln gespeichert werden. Zudem sind alle zur selben Versionenmenge gehörenden Tupel sowie alle Versionenmengen einer Relation zusammengefasst. Die Clusterung von Versionenmengen einer Relation ist erforderlich, um auch nicht versionenbehaftete K-Tupel physisch nebeneinanderliegend abzuspeichern, denn diese Tupel bilden intern je eine einelementige Versionenmenge (vergl. Abschnitt 4.4). Die Clusterung beruht also auf der implizit gegebenen Hierarchie der Begriffe Relation, Versionenmenge und Version.

Die implizite Ordnungsstruktur zwischen Relation, Versionenmengen und Versionen wird durch die Einführung zweier virtueller Relationen SysR (system relation) und SysS (system version set) pro K- oder H-Relation ermöglicht. Die beiden Systemrelationen bleiben für den Benutzer unsichtbar und dienen lediglich der physischen Clusterung (vergl. Abb. 4-2). Pro K- oder H-Relation gibt es ein Tupel in SysR, welches pro Versionenmenge genau ein abhängiges Tupel aus SysS besitzt. Dieses wiederum enthält als abhängige Tupel genau die K- oder H-Tupel der benutzerdefinierten Relation. Wird der Baum von abhängigen Tupeln nun in hierarchischer Ordnung (Präordnung) gespeichert, so ergibt sich auf natürliche Weise die erwünschte hierarchische Clusterung der Relationen.

Die implizite Ordnungsstruktur basierend auf den Systemrelationen SysR und SysS erlaubt es, für K- und H-Tupel, versionenbehaftet oder nicht, mit *ein und derselben Seitenauslegung* auszukommen. Wir erläutern dies anhand eines Beispiels:

Abb. 4-2 stellt eine mögliche Ausprägung einer H-Relation dar, welche aus einer Wurzelrelation A und abhängigen Relationen B und D besteht, wobei B auf eine weitere abhängige Relation C verweist.

Der *Seitenkopf* (PH = page header) umfasst die vom Speicherverwalter vergebene Seitennummer, welche an einem reservierten Ort auf jeder Seite steht. Aus Sicherheitsgründen kann die Seitennummer nach ihrer Vergabe nur noch gelesen werden. Weiter enthält der Seitenkopf einen Verweis auf die logisch nächste Seite, auf die logisch vorhergehende Seite, einen Verweis auf das Ende der Dateneinträge auf dieser Seite und einen Zeiger auf den Beginn der Offsettabelle.

Die *Tabelle FORT* (FORT = first of relation table) folgt auf den Seitenkopf. Sie enthält für die beiden Systemrelationen SysR und SysS je einen Verweis auf den ersten Tupeleintrag auf der Seite. In der hierarchischen Reihenfolge A, B, C, D besitzt zudem jede Relation der H-Relation ein FORT-Feld, worin ebenfalls ein Verweis auf das erste Tupel der jeweiligen Relation auf dieser Seite steht; im Falle einer K-Relation existieren natürlich keine abhängigen Relationen. Alle Verweise sind indirekt: In jedem FORT-Feld steht der Index eines Offsettabellenfeldes.

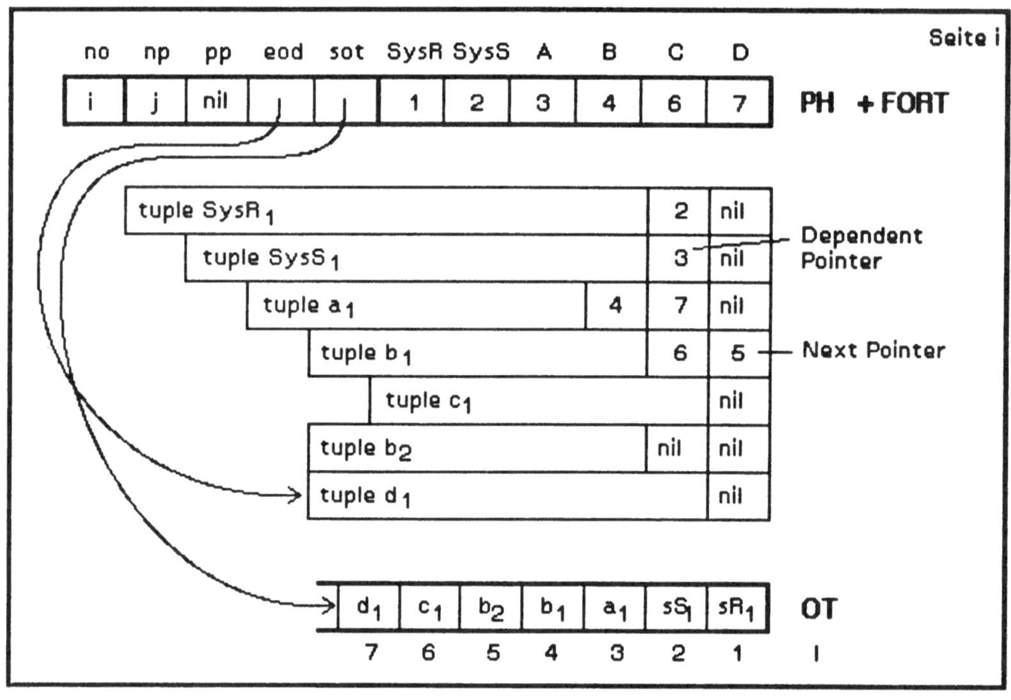

Seitenkopf PH:

no : Seitennummer
np : Verweis auf logisch nächste Seite
pp : Verweis auf logisch vorhergehende Seite
eod : Ende der Dateneinträge
sot : Start der Offsettabelle

Datensätze:

Next Pointer } Verweis auf nächstes Tupel innerhalb derselben Relation

Dependent Pointer } Verweis auf erstes Tupel einer abhängigen Relation

'nil'-Werte } Referenziertes Tupel befindet sich nicht auf derselben Seite

Tabelle FORT:

SysR : Systemrelation zur Clusterung von Relationen
SysS : Systemrelation zur Clusterung von Versionenmengen
A : Wurzelrelation (Clusterung von Versionen)
B, .. : Abhängige Relationen

Offsettabelle OT:

I : Index in Offsettabelle

Abb. 4-2: Auslegung einer physischen Seite für K- und H-Tupel.

Die *Offsettabelle* (OT = offset table) enthält die relative Seitenposition eines Tupels. Sie erlaubt, dass sich die TIDs bei Verschiebungen innerhalb der Seite nicht ändern.

Tupel, die sich über mehrere Seiten erstrecken, werden streng sequentiell über diese Seiten hinweg abgelegt, bei H-Tupeln unter Erhaltung der hierarchischen Ordnung. Dabei hat das Einfügen und Löschen von Tupeln meistens nur lokale Auswirkungen, solange ein einzufügendes Tupel auf einer Seite noch Platz findet bzw. ein gelöschtes Tupel eine noch genügend gefüllte Seite zurücklässt. Im schlimmsten Fall ist genau eine weitere Seite betroffen. Findet nämlich ein einzufügendes Tupel keinen Platz auf einer Seite, so wird die Seite geteilt; lässt ein gelöschtes Tupel eine Seite ungenügend gefüllt zurück und ist eine Nachbarseite ebenfalls ungenügend gefüllt, so werden diese zwei Seiten zusammengelegt.

Jedes Tupel besitzt neben dem eigentlichen Datensatz einen sogenannten Verweisteil, welcher Zeiger auf andere Datensätze enthält. Zwei Typen von Zeigern werden unterschieden. Jedes K- oder H-Tupel besitzt einen Zeiger auf das nächste Tupel innerhalb derselben Relation (next pointer). Im Falle eines H-Tupels existiert pro abhängige Relation ein Zeiger (dependent pointer), der auf das jeweils erste abhängige Tupel verweist. Dieser Zeigertyp ist Träger der Strukturinformation eines H-Tupels. Der Verweis ist ein Index eines Offsettabellenfeldes, sofern das zu referenzierende Tupel auf derselben Seite liegt.

4.3 Raumbezogene Objekte

4.3.1 M-Relationen

In geographischen Informationssystemen oder rechnergestützten Entwurfssystemen sind geometrische Nachbarschaftsbeziehungen zwischen den Daten von grosser Bedeutung. Um diesbezügliche Anfragen effizient unterstützen zu können, führen wir die mehrdimensionale Relation oder M-Relation ein. Sie ist eine spezielle K-Relation, die sich durch die Existenz eines besonderen Schlüssels bestehend aus mehreren Attributen auszeichnet.

Definition: Eine *M-Relation* R der Dimension m + n ist Teilmenge des kartesischen Produkts aus Surrogat, einer Menge von m Schlüsselbereichen $K_1,...,K_m$ (m>1) und einer Menge von n Wertebereichen $D_1,...,D_n$, d.h.

$$R \subset S \times K_1 \times ... \times K_m \times D_1 \times ... \times D_n.$$

Die zu den Schlüsselbereichen $K_1,...,K_m$ gehörende Attributkombination heisst *mehrdimensionaler Schlüssel*. Alle Schlüsselbereiche K_i sind gleichberechtigt, d.h. auf alle sind dieselben Operationen anwendbar und die physische Datenorganisation bevorzugt keinen Schlüsselbereich gegenüber einem anderen. Die Tupel $(s, k_1, ..., k_m, d_1, ..., d_n)$ der M-Relation heissen *M-Tupel*

```
RELATION PUNKT
 ATTRIBUTE
    $P:        SURROGATE
    X-Koord:   REAL
    Y-Koord:   REAL
    Z-Koord:   REAL
    Typ:       String10
    ...
 M-KEY                                  /* mehrdimensionaler */
    (X-Koord, Y-Koord, Z-Koord)         /* Schlüssel         */
END PUNKT
```

Für mehrdimensionale Relationen gelten die Operationen der Relationenalgebra. Ihre Bedeutung liegt aber vor allem in der Unterstützung von sogenannten *Punkt- und Bereichfragen*, auf die wir im folgenden näher eingehen:

Vernachlässigen wir im Moment die Nichtschlüsselattribute der entsprechenden Wertebereiche $D_1,...,D_n$ sowie das Surrogat, so können wir sämtliche Tupel der M-Relation R als Punkte eines m-dimensionalen Parameterraumes auffassen. Diese Betrachtungsweise ermöglicht die folgenden Abfragetypen [Meier 1986] zu unterscheiden:

Punktfrage: Bei der Angabe von m Schlüsselwerten soll das entsprechende Tupel gefunden werden, falls es existiert.

Teilpunktfrage: Anstelle von m Schlüsseln gibt man eine Schlüsselkombination mit weniger als m Schlüsseln vor und interessiert sich für alle Tupel, die der Schlüsselkombination genügen.

Bereichfrage: Für jeden der m Schlüssel spezifiziert man einen Bereich. Sämtliche Tupel erfüllen die Abfrage, deren Schlüssel in den jeweiligen Bereichen liegen.

Teilbereichfrage: Analog der Bereichfrage, wobei weniger als m Bereiche spezifiziert werden.

Nachbarschaftfrage: Bezüglich eines bestimmten Tupels und eines Abstandkriteriums (z.B. Euklidsche Metrik bei geometrischen Daten) interessieren alle Tupel, deren mehrdimensionaler Schlüssel vom Referenzwert höchstens um den erlaubten Abstand abweichen.

Neben den diskutierten Punkt-, Bereich- und Nachbarschaftfragen können M-Relationen auch geometrische Sachverhalte wie Inklusion, Berührung oder Schnitt von Objekten unterstützen (vergl. Abschnitt 4.3.3). Aufgrund der Gleichberechtigung der einzelnen Schlüssel eines mehrdimensionalen Schlüssels lassen sich die Operationen bei der Wahl geeigneter Datenstrukturen auch effizient berechnen.

4.3.2 Gitterdatei als mehrdimensionale Dateiorganisation

Als Beispiel einer mehrdimensionalen Datenstruktur betrachten wir die sogenannte Gitterdatei [Nievergelt et al. 1984]. Sie ist eine symmetrische Datenstruktur, da jede Raumdimension gleich behandelt wird. Datensätze mit k Schlüsselwerten $K_1,...,K_k$ fassen wir als Punkte im k-dimensionalen Raum auf. Ein Gitter unterteilt diesen k-dimensionalen Datenraum aufgrund eines Gitterverzeichnisses. Die Skalen des Gitterverzeichnisses sind k eindimensionale Bereiche $S_1,...,S_k$ und enthalten die Grenzen, die den zugrundeliegenden Datenraum aufteilen.

Das Gitterverzeichnis selbst ist ein k-dimensionaler dynamischer Bereich und ordnet auf eindeutige Art den Gitterzellen die entsprechenden Datensätze zu, indem jede Gitterzelle die Adresse eines Datenblocks enthält. Um eine schlechte Speicherausnutzung zu vermeiden, können mehrere Gitterzellen auf einen Datenblock zeigen. Dabei muss jede Zellregion ein konvexes mehrdimensionales Rechteck bilden, da sonst beim dynamischen Verändern der Grenzen des Gitterverzeichnisses Konflikte entstehen könnten.

Wir betrachten eine Tabelle KOORDINATE mit X- und Y-Koordinaten als zweidimensionalen Schlüssel, der Einfachheit halber verzichten wir auf die Z-Koordinate im Beispiel. Zusätzlich nehmen wir an, dass je zwei Datensätze in einem Datenblock Platz finden. Die Abb. 4-3 zeigt das zum Datenraum gehörende Gitterverzeichnis, wobei die Datensätze in der Reihenfolge A,B,C,...,I in die Gitterdatei eingefügt wurden. Entsprechend lauten die Skalen für den ersten Schlüssel $S_{11}=0$, $S_{12}=25$, $S_{13}=50$, $S_{14}=100$ und für den zweiten $S_{21}=0$, $S_{22}=50$, $S_{23}=100$, da zyklisch in Richtung K_1 und K_2 halbiert wurde. Unter anderem ist aus dem Beispiel ersichtlich, dass die beiden Zellen mit dem Datensatz A und D eine gemeinsame Zellregion definieren, da beide Datensätze in einem Datenblock Platz finden.

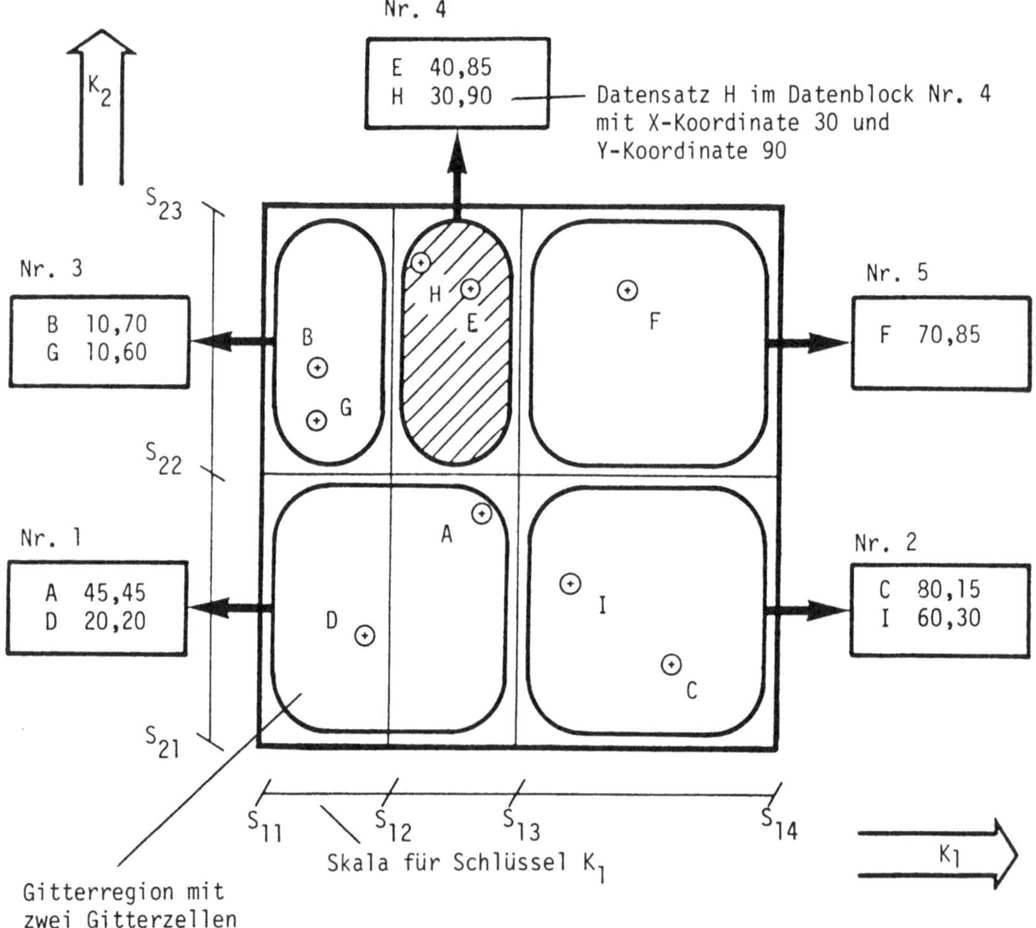

Abb. 4-3: Gitterverzeichnis mit zugehörigen Datenblöcken.

Da das Gitterverzeichnis im allgemeinen sehr gross ist, muss es wie die Daten auf Sekundärspeicher gehalten werden. Die Skalen hingegen sind klein und resident. Somit erfolgt ein Zugriff auf einen spezifischen Datensatz wie folgt: Mit den k Schlüsselwerten durchsucht man die Skalen und stellt fest, in welchem Intervall der jeweilige Schlüsselwert liegt. Die so bestimmten Intervalle erlauben einen direkten Zugriff auf die entsprechende Zelle oder Zellregion des Gitterverzeichnisses. Mit der gefundenen Adresse erhält man nach einem weiteren Zugriff den Datenblock und kann feststellen, ob er den gesuchten Datensatz enthält oder nicht. Auf alle Fälle ist bei diesem Vorgehen das *2-Diskzugriffprinzip* gewährleistet. Es sagt aus, dass eine beliebige Punktfrage höchstens zwei Zugriffe auf den externen Speicher benötigt: Der erste Zugriff führt zur richtigen Zelle, der zweite zum gesuchten Datenblock.

Möchten wir z.B. in der Abb. 4-3 den Datensatz mit dem Schlüssel (30,90) finden, so liegt K_1 zwischen den Skalen S_{12} und S_{13}, entsprechend liegt K_2 zwischen S_{22} und S_{23}. Ein erster Diskzugriff führt auf die schraffierte Zellregion im Gitterverzeichnis, welche als Adresse die Datenblocknummer 4 enthält. Durch einen zweiten Diskzugriff lässt sich der Datenblock Nr. 4 einlesen. Schliesslich findet man den Datensatz H mit den Schlüsselwerten $K_1=30$ und $K_2=90$.

Neben dem 2-Diskzugriffprinzip für Punktfragen zeigt eine Gitterdatei auch bezüglich Teil- und Bereichfragen Vorteile. Wird eine Suchregion durch Schlüsselbereiche definiert, so lassen sich je Schlüsselbereich obere und untere Skalenwerte durch einfache Vergleiche bestimmen. Die zu diesen Skalenwerten gehörigen Intervalle führen auf die gesuchten Zellregionen des Gitterverzeichnisses. Jetzt liest man die Datenblöcke mit Hilfe der gefundenen Adressen ein. Falls der Bereich eines Datenblocks vollständig in der Suchregion liegt, gehören alle seine Datensätze zur gesuchten Datenmenge. Anderenfalls muss jeder Datensatz im Datenblock auf Inklusion mit der Suchregion getestet werden.

Natürlich wird beim Einfügen und Löschen von Datensätzen die Struktur der Gitterdatei, d.h. die Skalen und das Gitterverzeichnis, dynamisch verändert. Ein überlaufender Datenblock wird wie folgt auf zwei Datenblöcke verteilt: Durch eine (k-1)-dimensionale Hyperebene teilt man die entsprechende Gitterzelle, wobei man für jeden dieser Teile einen neuen Datenblock anlegt. Dabei müssen die Elemente des Gitterverzeichnisses und die Datensätze aus dem Überlaufdatenblock konsistent nachgeführt werden. Umgekehrt können Datenblöcke verschmolzen werden, wenn die Belegsquote unter eine bestimmte Schranke fällt.

4.3.3 Beispiel einer geometrischen Suche

Als Beispiel einer geometrischen Abfrage betrachten wir einen Ausschnitt eines logischen Entwurfs einer integrierten Schaltung. Dabei beschränken wir uns jetzt auf die geometrische Beschreibung der Teile, hier abstrahiert als Rechtecke. Jedes Rechteck kann durch die Koordinaten (Rx,Ry) des Mittelpunktes und die halbe Länge Dx und halbe Breite Dy charakterisiert werden.

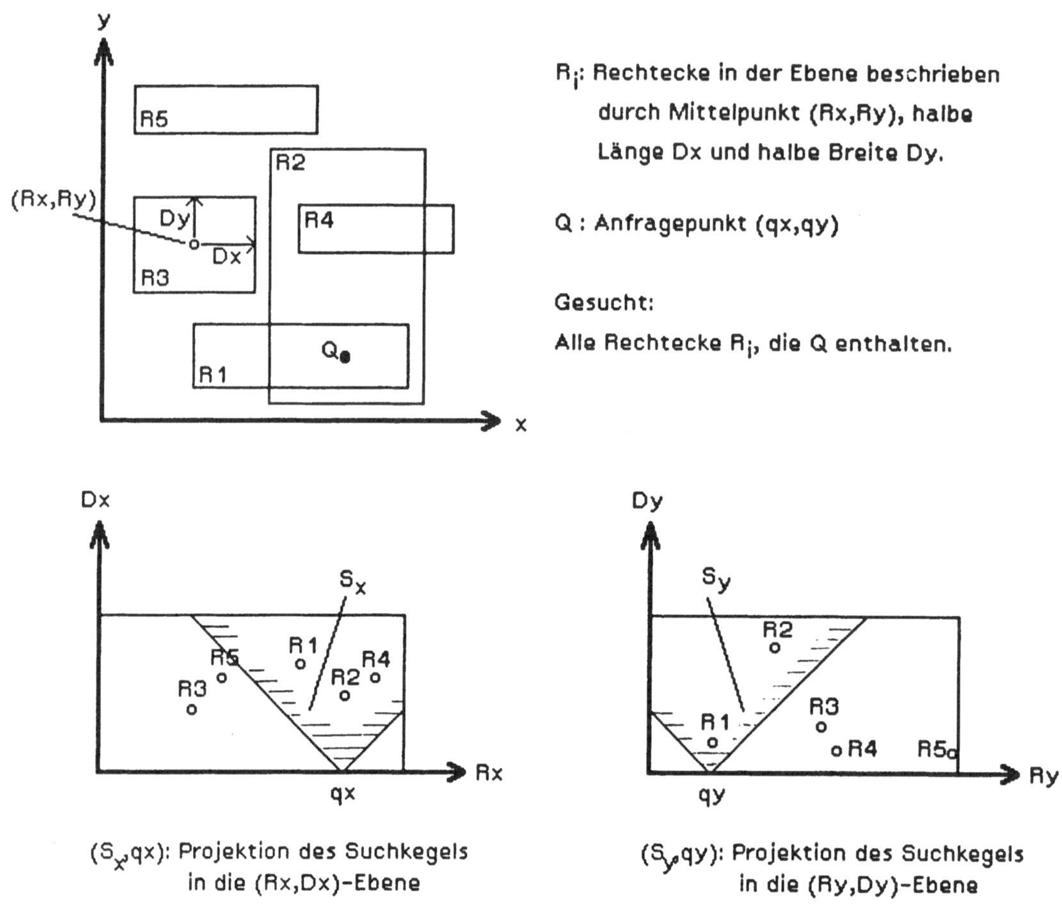

Gesucht: Alle Punkte R_i, die im Suchkegel S mit Spitze Q liegen.

Abb. 4-4: Geometrische Suche am Beispiel der M-Relation RECHTECK.

Damit definieren wir eine M-Relation RECHTECK mit einem vierdimensionalen Schlüssel (Rx, Ry, Dx, Dy):

```
RELATION RECHTECK
 ATTRIBUTE
     $R:      SURROGATE
     $M:      PART-OF(MODUL)
     Rx:      REAL
     Ry:      REAL
     Dx:      REAL
     Dy:      REAL
 M-KEY                          /* mehrdimensionaler */
     (Rx, Ry, Dx, Dy)           /* Schlüssel         */
END RECHTECK
```

Betrachten wir nun in Abb. 4-4 ein Beispiel einer geometrischen Abfrage betreffend die M-Relation RECHTECK. Jedes Rechteck wird als Punkt im vierdimensionalen Parameterraum aufgefasst. Wir geben einen Anfragepunkt Q=(qx,qy) und interessieren uns für sämtliche Rechtecke, die den Anfragepunkt umschliessen. Solche Problemstellungen ergeben sich beim Testen integrierter Schaltungen auf korrekte geometrische Anordnung.

Die Abfrage der M-Relation entspricht einem Suchen im vierdimensionalen Raum: Sämtliche Punkte, die innerhalb des Kegelmantels S mit Spitze Q liegen, entsprechen den gesuchten Rechtecken. In unserem Fall konsultieren wir die beiden Projektionen des Suchkegels S in der (Dx,Rx)- resp. (Dy,Ry)-Ebene. Als Resultat der geometrischen Abfrage erhalten wir die Rechtecke R1 und R2, da sie in beiden Projektionen innerhalb des Suchkegels auftreten.

Die geometrische Suche von Rechtecken wird effizient durch die Gitterdatei unterstützt, da nur solche Datenseiten durchsucht werden, deren zugehörige Region den Kegel schneiden [Hinrichs 1985]. Mit anderen Worten entfällt beim Arbeiten mit einer M-Relation das unnötige Durchsuchen von Datenseiten, die mit der geometrischen Abfrage nichts zu tun haben (d.h. ausserhalb der Suchregion liegen). Auf analoge Art können Rechtecke gesucht werden, welche andere schneiden oder vollständig in anderen Rechtecken zu liegen kommen etc.

4.4 Versionen

4.4.1 Ungeordnete Versionenmengen

Unter dem Begriff der Version versteht man eine Kennzeichnung der jeweiligen Änderungs- oder Entwicklungsstufen eines bestimmten Objektes:

Definition: Eine *Version* ist ein K-, H- oder M-Tupel mit einer fortlaufenden Versionennummer zur Unterscheidung der einzelnen Versionen einer bestimmten Versionenmenge.

Zur Verwaltung verschiedener Versionen derselben K-, H- oder M-Relation dient das Surrogat, das wie folgt aufgebaut ist:

$$S = [R\#, S\#, V\#, N\#].$$

Die Bedeutungen der einzelnen Teile des Surrogats sind:

R#: Nummer der Relation, zu der das Tupel gehört (Relation number).
S#: Identifikation der Versionenmenge innerhalb einer Relation (version Set number).
V#: Versionennummer innerhalb der Versionenmenge (Version number).
N#: Laufnummer innerhalb derselben Version zur Eindeutigkeit von abhängigen Tupeln (sequence Number).

Aus dem Surrogat ergibt sich im Sinne eines zusammengesetzten, hierarchischen Systemschlüssels die Identifikation der Relation innerhalb der Datenbank, der Versionenmenge innerhalb der Relation und der Version innerhalb der Versionenmenge des zugehörigen Tupels. Der Anwender selbst hat die Möglichkeit, mit einem Benutzerschlüssel, dem Surrogat oder mit einem mehrdimensionalen Schlüssel auf seine Datensätze zugreifen zu können (vergl. Abschnitt 5.3.1).

Es ist bedeutend, dass ein Anwender bei der vorgeschlagenen Versionenkontrolle die verschiedenen Versionen eines technischen Objektes *zugreifen und verändern* kann. Im Gegensatz zu solchen expliziten Versionen existieren implizite, die dem Benutzer verborgen bleiben und auf die wir hier nicht eingehen. Implizite Versionen werden ausschliesslich vom Datenbanksystem verwaltet und dienen beispielsweise zur Effizienzsteigerung beim Zugriff auf verteilte Datenbanken, für Recovery-Massnahmen oder zum Zwecke der Synchronisation.

Die einfachste Versionenkontrolle ergibt sich, falls die zu einem K-, H- oder M-Tupel gehörenden Versionen zu einer ungeordneten Menge zusammengefasst werden. Solche Mengen stellen für uns *ungeordnete Versionenmengen* dar. Sämtliche eventuell einelementigen Versionenmengen bilden eine Partition der zugrundeliegenden Relation. Die Kardinalität jeder Versionenmenge entspricht der Anzahl der zu einem Objekt definierten Versionen.

Verschiedene Versionen ein und derselben Versionenmenge unterscheiden sich in den Surrogatwerten, nämlich in der Versionennummer V#. Über die übrigen Datenwerte eines versionenbehafteten K-, H- oder M-Tupels treffen wir im Falle ungeordneter Versionenmengen keinerlei Annahmen, insbesondere können sämtliche Datenwerte zweier Versionen völlig verschieden oder auch identisch sein (sog. Duplikate). Wir weisen besonders darauf hin, dass identische Tupel bei klassischen relationalen Datenbanksystemen untersagt sind, hier aber durchaus ihre Berechtigung haben.

Als Operationen auf ungeordneten Versionenmengen gelten:

- Das *Einfügen* einer Version in eine bestehende oder in eine neue Versionenmenge.
- Das *Kopieren* einer Version innerhalb einer Versionenmenge. Dabei bekommt das Duplikat ein neues Surrogat, die übrigen Datenwerte stellen Kopien der Ausgangswerte dar.
- Das *Löschen* einer Version oder einer Versionenmenge.

Hinzu kommen weitere Operationen für das Lesen und Verändern von Datenwerten innerhalb von Versionen. Diese Operationen tangieren die Versionenkontrolle hingegen nicht, da sie sich ausschliesslich auf Datenwerte von Tupeln beziehen.

Bei ungeordneten Versionenmengen ist es sinnvoll, die einzelnen Versionen physisch als zusammengehörig zu betrachten. Dies zahlt sich insbesondere dann aus, wenn ganze Versionenmengen abgefragt, manipuliert oder gelöscht werden.

Die Ordnung der vom System vergebenen Versionennummern kann vom Anwender nicht beeinflusst werden, obwohl die Nummern vernünftigerweise fortlaufend vergeben werden. Aus diesem Grund darf die Versionenkontrolle bei ungeordneten Versionenmengen keine Version bevorzugen und beispielsweise den Zugriff auf eine vom Benutzer gewählte Version besonders unterstützen.

Die Versionenkontrolle für ungeordnete Versionenmengen unterscheidet sich wesentlich von Konzepten bei temporalen Datenbanken, bei welchen meistens die zeitlich neueste Version als aktuell bezeichnet wird und zugleich raschen Zugriff garantiert (vergl. z.B. [Dadam et al. 1984]). Bei technischen Datenbanken zeigt es sich immer wieder, dass auch bei einer Menge von zeitlich abhängigen Versionen während der Entwurfs- und Entwicklungsphase keine Version als aktuell ausgezeichnet werden kann. Erst nach der definitiven Formgebung und Werkstoffwahl, nach Simulationen z.B. durch Finite Elementberechnungen oder nach Abschluss von Wirtschaftlichkeitsbetrachtungen lassen sich einzelne Versionen gegenüber anderen favorisieren. Zu diesem Zeitpunkt können auch technisch fehlerhafte oder unwirtschaftliche Versionen eliminiert oder als historische Daten betrachtet werden, womit sich die Versionenmenge reduziert.

4.4.2 Partiell geordnete Versionenmengen

Wünscht ein Anwender die verschiedenen Versionen einer Versionenmenge möglichst redundanzfrei zu speichern, so kann er eine bestimmte Version vollständig abspeichern lassen und die übrigen als Differenzen definieren [Meier/Petry 1986]. Ein Differenzverfahren eignet sich zur Versionenkontrolle auf K-, H- oder M-Relationen, falls die Änderungen einzelner Tupelversionen gegenüber der Tupelgrösse klein bleiben. Besteht hingegen ein Missverhältnis zwischen dem Umfang der Änderung und der Grösse z.B. einer vollständig gespeicherten Version, so bleibt natürlich die Platzersparnis bescheiden. Auf alle Fälle darf der Zeitaufwand nicht unterschätzt werden, um aus einer Reihe von Differenzen die gesuchte Version herleiten zu können.

Eine *vollständige Version* enthält per definitionem alle zu ihr gehörenden Datenwerte physisch selbst, insofern ist sie eigenständig. Eine *Differenzversion* umfasst physisch die Differenz zu genau einer Version, welche vollständig oder selbst als Differenzversion vorhanden sein kann. Jede Differenzversion referenziert somit eine Version. Differenzversionen sind zudem nur innerhalb von Versionenmengen zulässig, Abhängigkeiten zwischen Versionen verschiedener Versionenmengen müssen vom Anwender selbst verwaltet werden.

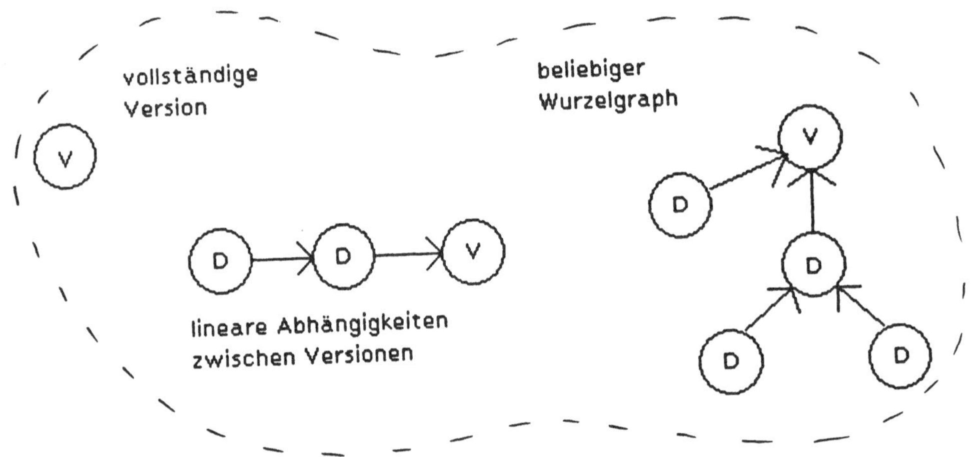

Abb. 4-5: Beispiel einer Versionenmenge mit verschiedenen Referenzgraphen.

Die durch Differenzbildung voneinander abhängigen Versionen bilden einen Graphen, den sogenannten Referenzgraphen. Die Knoten des Referenzgraphen sind vollständige Versionen V oder Differenzversionen D, die Kanten sind gerichtet und zeigen von der referenzierenden zur referenzierten Version D→V oder D→D.

Definition: Ein *Referenzgraph* ist ein gerichteter azyklischer Graph, welcher immer genau eine vollständige Version als Knoten enthält. Die übrigen Knoten des Referenzgraphen entsprechen Differenzversionen, wobei die gerichteten Kanten die Abhängigkeiten der Differenzbildung aufzeigen.

Die gerichteten Referenzgraphen führen zu einer partiellen Ordnung innerhalb der Versionenmenge, da von jeder Differenzversion genau eine Kante ausgeht resp. in eine vollständige Version oder in eine Differenzversion mehrere Kanten eingehen können.

In der Abb. 4-5 zeigen wir Beispiele von Referenzgraphen, nämlich eine vollständige Version, einen linear geordneten und einen beliebigen Referenzgraphen.

Als Operationen auf partiell geordneten Versionenmengen gelten:

- Das *Einfügen* einer vollständigen Version in eine bestehende oder in eine neue Versionenmenge oder das Einfügen einer Differenzversion in einen bestehenden Referenzgraphen. Dazu muss eine Referenzversion als vollständige Version oder als Differenzversion angegeben werden.
- Das *Löschen* einer Version, eventuell mit all seinen abhängigen Differenzversionen oder das Löschen einer Versionenmenge. Wünscht der Anwender die Elimination einer abhängigen Version ohne das gleichzeitige Löschen der darauf referenzierenden Differenzversionen, so müssen die veränderten Abhängigkeiten im Referenzgraphen nachgeführt werden.
- Das *Vervollständigen* einer Version innerhalb eines Referenzgraphen. Dabei bewirkt das Vervollständigen einer Differenzversion eine Teilung des Referenzgraphen in zwei unabhängige Graphen.
- Das *Invertieren* eines Paares $D_Y \rightarrow V_X$ in $D_X \rightarrow V_Y$: Im ersten Ableitungspaar ist die Y-Version als Differenzversion gespeichert, im zweiten Paar ist die Y-Version als vollständige Version abgelegt.
- Das *Navigieren* innerhalb eines Referenzgraphen. Dabei kann die von einer Version referenzierte Version gefunden oder es können die von einer Version abhängigen Differenzversionen bestimmt werden.

Das Invertieren erweist sich als mächtige Operation auf einem Referenzgraphen. Unabhängig vom konkreten Vorgehen beim Bilden von Versionen kann damit jederzeit irgendeine beliebige Differenzversion des Referenzgraphen schrittweise durch Invertieren von Paaren der Form (Differenzversion, vollständige Version) in eine vollständige Version verwandelt werden. Damit geben wir dem Anwender die Möglichkeit in die Hand, zu beliebigen Zeitpunkten seine für ihn aktuelle Version als vollständige Version verwalten zu lassen. Der Zeitaufwand zur Berechnung einer Version aufgrund von Differenzen ist dadurch entschärft!

4.4.3 Differenzen von H-Tupeln

Als Beispiel zur Versionenkontrolle mittels Differenzverfahren betrachten wir ein Beispiel einer H-Relation, bestehend aus der Wurzelrelation R_1, den beiden direkt abhängigen Relationen R_2 und R_4, wobei R_2 zusätzlich eine abhängige Relation R_3 aufweise.

Die Abb. 4-6 zeigt eine Ausprägung einer vollständigen Version und einer Differenzversion; der zugehörige Referenzgraph ist $D_2 \rightarrow V_1$. Wichtig dabei ist, dass die Ausprägung einer Differenzversion selbst als H-Tupel gespeichert wird. Dazu muss für jedes abhängige Tupel in der Differenzversion auch sein direkt übergeordnetes Tupel vorhanden sein, um das Strukturvorkommen der Differenzversion eindeutig herleiten zu können. Die Speicherung der Differenzversion als H-Tupel hat den grossen Vorteil, für das Differenzverfahren auf H-Relationen keine neuen Speicher- und Zugriffskonzepte einführen zu müssen.

Ein Tupel einer vollständigen Version oder einer Differenzversion ist wie folgt aufgebaut:

R#S#V#N#	Surrogat des Tupels	
OpCode	Operationscode:	
	C (Complete)	ausschliesslich für vollständige Versionen
	E(Equal)	Die Werte des Tupels sind mit denen des Referenztupels gleich. Das Tupel gilt hier als Strukturknoten für einen Teilbaum, in dem es irgendwelche Änderungen gegenüber der Referenzversion gibt.
	R(Replace)	Die Werte des hier gespeicherten Tupels ersetzen das Referenztupel, eventuell gibt es auch Änderungen im Teilbaum.
	A(Add)	Das hier gespeicherte Tupel mit seinen Werten ist neu gegenüber der Referenzversion. Gehören dazu abhängige Tupel, so sind diese auch in der Differenzversion zu finden.
	S(Subtract)	Das Referenztupel gehört nicht zu dieser Version und ist zu ignorieren, ebenso wie alle abhängigen Tupel der Referenzversion.
Target	Verweis auf das Referenztupel durch die Angabe von V# und N#, bei vollständigen Versionen NIL.	
RefList	Referenzliste bestehend aus V# und N#. Sie gibt an, welche Differenzversionen die vorliegende Version referenzieren.	

Die Referenzliste kann mit fester Länge vorgesehen werden, um bei der Speicherorganisation ohne variabel lange Tupel auskommen zu können. Aus demselben Grund können auch die Längen sämtlicher Tupel der Differenzversion pro Relation gleich definiert werden, unabhängig vom Operationscode des entsprechenden Tupels.

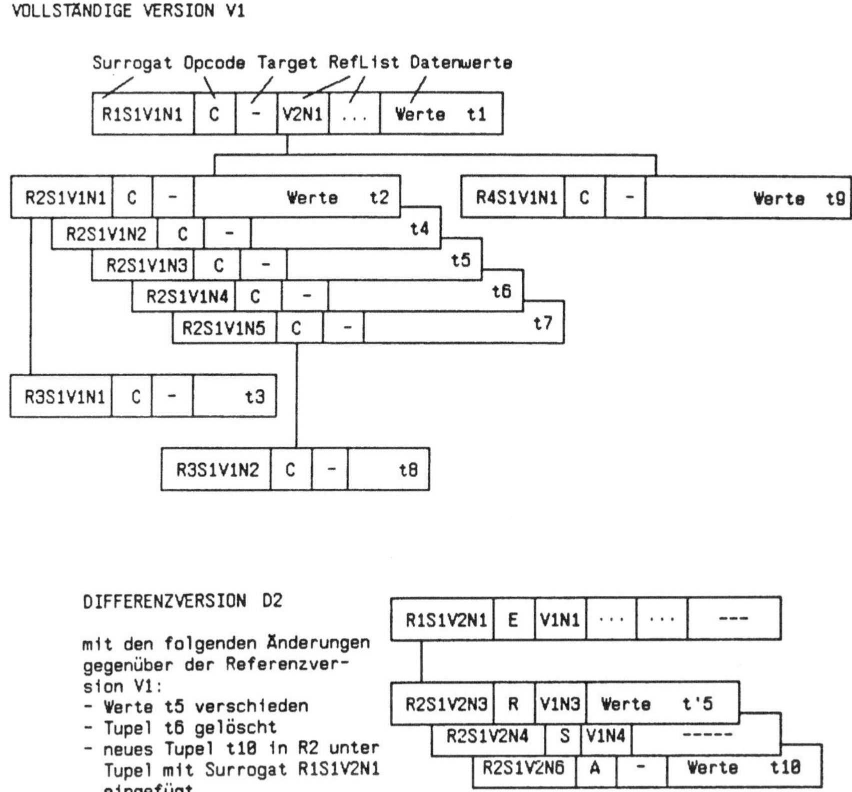

Abb. 4-6: Vollständig gespeicherte Version und Differenzversion als H-Tupel.

Die Herleitung einer Version aus einer vollständigen Version und aus einer Differenzversion beschreiben wir anhand des Beispiels aus Abb. 4-6: Über das Surrogat des Wurzeltupels der Differenzversion können wir dieselbe verarbeiten und ergänzen. Ein E-Code im Wurzeltupel signalisiert uns, dass Änderungen im Teilbaum dieses Tupels vorliegen. Gleichzeitig eröffnen wir mit der gefundenen Referenz (Target-Feld der Differenzversion) einen Cursor auf dem Wurzeltupel t_1 der vollständigen Version und geben dieses aus. Nun lesen wir das erste abhängige Tupel der Differenzversion und stellen fest, dass das Tupel t_2 mit dem abhängigen Tupel t_3 und das Tupel t_4 unverändert aus der vollständigen Version entnommen werden können. Der Operationscode des aktuellen Tupels der Differenzversion weist ein R auf, und wir ersetzen die Datenwerte des Tupels t_5 durch diejenigen aus $t_{5'}$. Da das nächste Tupel in der Differenzversion ein S enthält, überspringen wir das zugehörige Tupel t_6 in der vollständigen Version. Das abhängige Tupel t_{10} ist neu aufgrund des Operationscodes A, weshalb wir es ausgeben. Das Ende der Differenzversion bewirkt, die restlichen Tupel t_7 bis t_9 aus der vollständigen Version zu übertragen, womit die gesuchte Version vorliegt.

Wird in einer beliebigen Version eine Änderung vorgenommen, so sind alle referenzierenden Versionen anzupassen. Da jede Versionenmenge und somit jeder Referenzgraph physisch zusammengehörig abgespeichert ist, reduziert sich die Zeit zur Änderung oder Herleitung von Versionen. Zusätzlich steht es dem Anwender jederzeit frei, eine für ihn oft gebrauchte Version innerhalb eines Referenzgraphen zu vervollständigen oder mit Hilfe von Invertierungen die entsprechende Version zur Senke des Referenzgraphen umzuwandeln und damit in beiden Fällen den Zugriff zu beschleunigen.

4.5 Tensoralgebra

4.5.1 Was versteht man unter Tensoren?

Unter Tensoren versteht man strukturierte Grössen, die bei Transformationen des zugrundeliegenden Koordinatenraumes bestimmten Transformationsgesetzen gehorchen. Dabei unterscheidet man Tensoren nullter, erster, zweiter oder allgemein m-ter Stufe, welche Skalaren, Vektoren, Dyaden oder höherwertigen Tensoren entsprechen. Die Bezeichnung Tensor geht auf den Spannungstensor zurück, welcher in der Mechanik eine wichtige Rolle spielt.

Im folgenden beschränken wir unsere Betrachtungen auf ein rechtwinkliges kartesisches Koordinatensystem, d.h. alle Koordinatenachsen sind paarweise orthogonal. Schiefwinklige oder krummlinige Koordinatensysteme führen zu einem allgemeineren Tensorkalkül, welches im Ingenieurwesen nur selten Anwendung findet [Betten 1977]. Neben algebraischen Operationen existieren analytische Operationen wie Differentiationen oder Integrationen sogenannter Tensorfelder. Man spricht von einem Tensorfeld, wenn ortsabhängige Grössen vorliegen (vergl. Temperaturfeld in einem einseitig erwärmten Stab, Dichteverteilung eines inhomogenen Werkstoffs oder Potentialfeld). Wir behandeln hier lediglich die Tensoralgebra und verzichten auf die Tensoranalysis, d.h. die Infinitesimalrechnung der Tensoren. Dabei gelten die algebraischen Tensoroperationen auch für Tensorfelder, indem man sie für jeden Punkt des Feldes anwendet.

Wir bezeichnen mit $(A_1,...,A_n)$ oder abgekürzt $\mathbf{A_i}$ einen Vektor mit den Koordinaten A_i $(i=1,...,n)$ eines n-dimensionalen Vektorraumes mit Orthonormalbasis. Beim Wechsel der Orthonormalbasis zu einer anderen mit Hilfe einer Transformation a_{ij} lässt sich der entsprechende Vektor $\mathbf{A_i}'$ aus den Koordiaten des Vektors $\mathbf{A_i}$ wie folgt berechnen:

$$\mathbf{A_i}' = a_{ij}\,\mathbf{A_j}, \qquad (*)$$

wobei wir als Summationsvereinbarung jedesmal bei einem doppelt auftretenden Index summieren. Mit anderen Worten erhalten wir die Koordinaten des neuen Vektors $\mathbf{A_i}'$ durch das lineare Gleichungssystem:

$$\begin{aligned} A_1' &= a_{11} A_1 + a_{12} A_2 + \ldots + a_{1n} A_n \\ A_2' &= a_{21} A_1 + a_{22} A_2 + \ldots + a_{2n} A_n \\ &\ldots \end{aligned}$$

Dieses lineare Gleichungssystem (*) stellt das Transformationsgesetz für Vektoren oder Tensoren erster Stufe dar.

Definition: Ein *Tensor erster Stufe* ist eine indizierte Grösse $\mathbf{T}_i$ mit Index $i=1,...,n$ und Dimension n, wobei die Koordinaten T_i dem Transformationsgesetz (*) gehorchen.

Wir betrachten das dyadische Produkt zweier Tensoren erster Stufe (der Dimension n) $\mathbf{A}_i$ und $\mathbf{B}_j$, welches wie folgt definiert ist:

$$\mathbf{T}_{ij} \quad := \quad \mathbf{A}_i\,\mathbf{B}_j \;=\; \begin{pmatrix} A_1B_1 & A_1B_2 & \dots & A_1B_n \\ \dots & & & \\ A_nB_1 & A_nB_2 & \dots & A_nB_n \end{pmatrix}$$

Durch das dyadische Produkt von Tensoren erster Stufe werden also Dyaden oder Tensoren zweiter Stufe festgelegt. Ähnlich wie bei Vektoren können Tensoren zweiter Stufe durch ihr charakteristisches Transformationsverhalten definiert werden. Ausgehend vom obigen dyadischen Produkt zweier Vektoren und dem zugehörigen Tranformationsgesetz erhalten wir:

$$\mathbf{T}_{ij}' = \mathbf{A}_i'\,\mathbf{B}_j' = a_{ik}\,\mathbf{A}_k\,a_{jl}\,\mathbf{B}_l = a_{ik}\,a_{jl}\,\mathbf{A}_k\,\mathbf{B}_l$$

d.h. mit der abgekürzten Schreibweise $\mathbf{A}_k\mathbf{B}_l := \mathbf{T}_{kl}$ ergibt sich das Transformationsgesetz:

$$\mathbf{T}_{ij}' = a_{ik}\,a_{jl}\,\mathbf{T}_{kl} \qquad (**)$$

Damit erhalten wir die

Definition: Ein *Tensor zweiter Stufe* oder eine Dyade ist eine indizierte Grösse $\mathbf{T}_{ij}$ mit Indizes $i=1,...,n$ und $j=1,...,n$ der Dimensionen n, wobei die Koordinaten T_{ij} dem Transformationsgesetz (**) gehorchen.

Tensoren zweiter Stufe sind also durch $n\times n$ Matrizen darstellbar und besitzen n^2 Koordinaten. Trägheitstensor, Spannungstensor und Verzerrungstensor sind Beispiele aus dem Ingenieurbereich.

Analog dem Übergang von Tensoren erster Stufe zu solchen zweiter Stufe können Tensoren dritter Stufe oder Triaden definiert werden. Insbesondere kann ein Tensor dritter Stufe $\mathbf{T}_{ijk}$ aus dem Produkt einer Dyade $\mathbf{D}_{ij}$ mit einem Vektor $\mathbf{A}_k$ oder aus dem Produkt beispielsweise dreier Vektoren $\mathbf{A}_i$, $\mathbf{B}_j$ und $\mathbf{C}_k$ erhalten werden. Entsprechend werden Tensoren höherer Stufe definiert.

4.5.2 Algebraische Tensoroperationen

In diesem Abschnitt stellen wir die wichtigsten Tensoroperationen zusammen und illustrieren sie an Beispielen. Als Operationen gelten Addition, Subtraktion, Multiplikation mit einem Skalar, tensorielles Produkt, Verjüngung und Überschiebung.

Die Summe oder die Differenz zweier Tensoren derselben Stufe ergibt sich, indem man koordinatenweise addiert oder subtrahiert. Entsprechend kann man alle Koordinaten eines Tensors mit einem festen Skalarwert multiplizieren und erhält als Resultat das Produkt eines Tensors mit einem Skalar. Bei all diesen Operationen ist die Stufe des Resultatstensors gleich den Stufen der Ausgangstensoren.

Die Menge der Koordinaten, die durch Multiplikation einer jeden Koordinate eines Tensors $\mathbf{T}_{i_1 i_2 \ldots i_r}$ der Stufe r mit jeder Koordiante eines Tensors $\mathbf{T}_{i_1 i_2 \ldots i_s}$ der Stufe s entsteht, heisst *tensorielles Produkt* oder *Tensorprodukt*. Das Tensorprodukt der beiden Tensoren $\mathbf{T}_{i_1 i_2 \ldots i_r}$ und $\mathbf{T}_{i_1 i_2 \ldots i_s}$ ist somit ein Tensor der Stufe r+s:

$$\mathbf{T}_{i_1 i_2 \ldots i_r i_1 i_2 \ldots i_s} := \mathbf{T}_{i_1 i_2 \ldots i_r} \mathbf{T}_{i_1 i_2 \ldots i_s}$$

Im allgemeinen ist das tensorielle Produkt nicht kommutativ. Beispielsweise können wir einen Tensor $\mathbf{T}_{ij}$ zweiter Stufe durch das Tensorprodukt zweier Vektoren $\mathbf{T}_i$ und $\mathbf{T}_j$ erklären. Dabei muss der zu $\mathbf{T}_{ij}$ konjugierte oder transponierte Tensor $\mathbf{T}_{ji}$ nicht identisch zu $\mathbf{T}_{ij}$ sein.

Eine weitere wichtige Tensoroperation ist die sogenannte *Verjüngung*. Sie führt von einem Tensor (r+2)-ter Stufe auf einen Tensor r-ter Stufe, indem man zwei Indizes gleichsetzt und anschliessend gemäss Summationsregel summiert. Beispielsweise ergibt sich aus einem Tensor $\mathbf{T}_{ij}$ zweiter Stufe ein Skalar (genannt Spur von $\mathbf{T}_{ij}$), da

$$\mathbf{T}_{ii} := \mathrm{T}_{11} + \ldots + \mathrm{T}_{nn}.$$

Eine spezielle Art der Verjüngung ist das verjüngende Produkt oder *Überschiebung*, wobei man bei einem tensoriellen Produkt zwei Indizes an verschiedenen Faktoren gleichsetzt; so erhalten wir z.B. $\mathbf{T}_{ilm} := \mathbf{A}_{ik} \mathbf{B}_{klm}$.

Tensoren nullter Stufe sind Skalare des zum Vektorraum gehörenden Grundkörpers. Somit entsprechen den Tensoroperationen die üblichen Additions-, Subtraktions- und Multiplikationsoperationen des gewählten Grundkörpers, wobei die Division keine Entsprechung im Tensorraum nullter Stufe hat.

Vektoren lassen sich als Tensoren erster Stufe auffassen; Addition, Subtraktion und Multiplikation mit einem Skalar gleichen den bekannten Operationen bei den Vektoren. Das Skalarprodukt zweier Vektoren entspricht der Überschiebung, d.h. der Spurbildung einer Dyade. Auf analoge Art lassen sich Norm, Vektorpodukt wie auch Spatprodukt bei Vektoren auf Tensoroperationen zurückführen.

Tensoren zweiter und höherer Stufe treten vor allem in der Physik und in verschiedenen Ingenieuranwendungen auf. So dient die Tensorschreibweise auch zur Definition von Flächen zweiter und höherer Ordnung [Faux/Pratt 1981], indem man die Tensoren als verallgemeinerte Bilinearformen deutet.

4.5.3 Einbettung der Tensoren in die Relationenalgebra

Die Relationenalgebra bestehend aus Vereinigung, Differenz, kartesischem Produkt, Projektion und Selektion (vergl. [Ullman 1982]) muss erweitert werden, da wir die Erste Normalform aufgeben und als Attribute auch Tensoren zulassen.

Bei der *Vereinigung* und *Differenz* von Relationen mit Tensorattributen treten keine Schwierigkeiten auf, falls die entsprechenden Relationen vereinigungsverträglich sind. Darunter versteht man, dass die Anzahl der Attribute und die Wertebereiche übereinstimmen.

Das *kartesische Produkt* von Relationen mit Attributen vom Typ Tensor wird in bekannter Form gebildet.

Die *Projektion* kann auf Relationen mit tensorwertigen Attributen angewendet werden. Für Tensoren selbst sind die Tensoroperationen zugelassen und ein Projektionsoperator darf deshalb nicht auf Tensoren ausgedehnt werden. Mit anderen Worten kann ein Projektionsoperator nur auf Relationen und nicht auf Tensoren wirken, da beliebige Koordinatenkombinationen von Tensoren im allgemeinen nicht als Tensoren niedrigerer Stufe aufgefasst werden können. Für Verjüngungen von Tensoren steht also ausschliesslich der Verjüngungsoperator zur Verfügung.

Bei der *Selektion* können im Selektionsprädikat als Operanden tensorwertige Konstanten oder Attributsnamen auftreten. Hingegen sind von den arithmetischen Vergleichsoperatoren bei einer Selektion auf tensorwertige Relationen nur der Test auf Gleichheit oder Ungleichheit zugelassen; Gleichheit zweier Tensoren bedeutet, dass sie in Stufe, Dimension und in allen entsprechenden Koordinaten übereinstimmen. Die logischen Operatoren AND, OR und NOT gelten ohne Einschränkungen.

Beim *Verbund* als spezielle Operation der Relationenalgebra müssen Einschränkungen vorgenommen werden [Meier 1986a]:

Definition: Zwei Relationen mit tensorwertigen Attributen heissen *verbundverträglich*, falls die im Verbundprädikat eingehenden Attribute atomar sind oder als Tensoren die gleiche Stufe und Dimension aufweisen.

Die Verbundverträglichkeit ist notwendig, da ein Verbund über Attribute mit Tensoren unterschiedlicher Stufe oder Dimension keinen Sinn macht. Was heisst z.B. ein natürlicher Verbund zweier Relationen bezüglich eines Vektors mit einer Dyade?

Der Verbund von Relationen mit tensorwertigen Attributen ist auf den natürlichen Verbund beschränkt, da als arithmetische Vergleichsoperation auf Tensoren lediglich Gleichheit oder Ungleichheit nachgewiesen werden kann.

Die *Division* als weitere Spezialität der Relationenalgebra gilt ohne Einschränkungen für Relationen mit tensorwertigen Attributen.

4.6 Transaktionskonzept

4.6.1 Langandauernde Transaktionen

Im Zusammenhang mit gleichzeitig ablaufenden Datenbankanwendungen fällt der Transaktionsverwaltung eine wichtige Aufgabe zu. Eine Transaktion wird allgemein als Einheit für Konsistenz und Recovery (Zurücksetzen auf letzten konsistenten Zustand und Wiederanlaufen bei einem Konfliktfall) aufgefasst. Das klassische Beispiel dazu liefert eine Buchungstransaktion im Bankwesen: Die Buchung auf einem Bankkonto muss auf der aktiven wie passiven Seite des entsprechenden Kontos entweder vollständig oder gar nicht durchgeführt werden. Das Datenbanksystem ist also verantwortlich, dass eine unvollständige Buchung aufgrund eines Systemunterbruchs oder -fehlers auf den vorgängigen korrekten Kontozustand zurückgesetzt wird.

Wie bereits erwähnt, können Operationen einer typischen Ingenieurtransaktion in grösseren Zeiträumen liegen. Dabei muss das Prinzip der Konsistenzerhaltung nach Abschluss einer Transaktion natürlich nach wie vor gelten; hingegen ist das Zurücksetzen einer mehrwöchigen Arbeit aus praktischen Gründen undenkbar. Mit anderen Worten bildet eine Transaktion für technische Daten wohl die Einheit für Konsistenz, nicht aber für das Wiederanlaufen nach Systemfehlern.

Definition: Eine *langandauernde Transaktion* ist ein Programm, welches mehrere Aktionen wie Lesen, Schreiben oder Löschen von K-, H-, oder M-Tupeln umfasst und die Datenbank von einem konsistenten Zustand in einen konsistenten überführt. Sie ist Einheit für Konsistenz, nicht aber für Recovery.

Für langandauernde Transaktionen muss die klassische Transaktionsverwaltung angepasst und erweitert werden. Insbesondere müssen auch die Sperrverfahren für die Synchronisation konkurrierender Prozesse erweitert werden, da das übliche Blockieren einer Transaktion und Warten auf die Freigabe gesperrter Objekte nicht mehr statthaft bleibt. Dazu gehört, dass das Granulat für die Synchronisation langandauernder Transaktionen neben üblichen Sperreinheiten sicher auch Objekte selbst betreffen sollte.

4.6.2 Check-in und Check-out von Objekten

Um Konsistenz während einer langandauernden Transaktion zu bewahren, führen wir ein *zweistufiges Transaktionskonzept* [Lorie/Plouffe 1983] ein: Langandauernde Transaktionen dürfen nur auf Datenbestände wirken, die vorher durch spezielle Operationen aus dem zentralen Datenbestand (globale Datenbank) extrahiert und in einem Arbeitsbereich (lokale Datenbank) bereitgestellt wurden. Datenbankmanipulationen einer langandauernden Transaktion werden also vorerst auf einer Arbeitskopie in der lokalen Datenbank vollzogen, bevor sie in der globalen Datenbank definitiv abgelegt werden (vergl. hängige Mutationen im Vermessungswesen ([Meier 1982] oder [Lorie/Meier 1984]). Aus diesem Grund darf eine langandauernde Transaktion mehrere gewöhnliche oder kurzlebige Transaktionen auf die zentrale Datenbank umfassen.

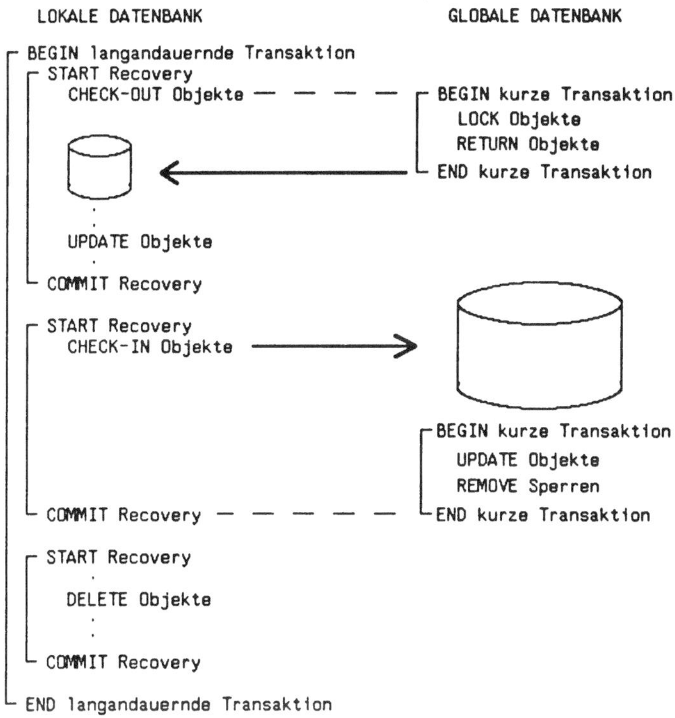

Abb. 4-7: Ablauf einer langandauernden Transaktion und Interaktionen zwischen lokaler und globaler Datenbank.

Wir erklären das zweistufige Transaktionskonzept zwischen globalen und lokalen Datenbanken anhand der Abb. 4-7. Von verschiedenen Benutzern können K-, H- und M-Tupel aus einer globalen Datenbank durch Check-out in eine lokale Datenbank übertragen werden. Dabei ist die Operation zur Extraktion von Objekten der bei der Versionenverwaltung diskutierten Kopieroperation ähnlich, indem die neue Arbeitskopie einer gewöhnlichen Version entspricht. Zusätzlich wird in der globalen Datenbank ein Vermerk der in Arbeit befindlichen Objektversionen geführt. Möchte ein Benutzer ein bereits extrahiertes Objekt manipulieren, so wird er gewarnt und kann auf Wunsch eine Arbeitsversion verlangen.

Sobald die Daten in der lokalen Datenbank eingebracht sind, können die zeitraubenden Arbeiten auf den extrahierten Objekten in Angriff genommen werden. Durch spezielle Zeitmarken, welche die Einheiten des Recovery festlegen, wird eine langandauernde Transaktion abgesichert (vergl. Abschnitt 4.6.3). Nach einem Systemausfall oder einem Fehler rückt die Arbeit in der lokalen Datenbank automatisch auf den zuletzt gesicherten Arbeitszustand.

Sind die Arbeiten bezüglich der Objekte der lokalen Datenbank abgeschlossen, lassen sich die Änderungen mit Check-in in die globale Datenbank einbringen. Dabei kann die ursprünglich gekennzeichnete Version in der globalen Datenbank überschrieben oder als selbständige Version weiterhin belassen werden. Jedenfalls garantiert das Mehrbenutzersystem globale Konsistenz nach erfolgreichem Abschluss der langandauernden Transaktion, indem Protokolle nachgeführt und Sperren freigegeben werden.

4.6.3 Sperrprotokolle

Das zweistufige Transaktionskonzept unterstützt für die globale Datenbank nach wie vor Zweiphasenprotokolle, falls Sperren zur Synchronisation paralleler Prozesse verwendet werden. Dabei werden in der Wachstumsphase alle benötigten Sperren gesetzt und in der Schrumpfungsphase wieder freigegeben. Mit dem Zweiphasenprotokoll für Sperren bleibt garantiert, dass konkurrierende Transaktionen serialisierbar sind [Gray et al. 1975].

Für die lokale Datenbank müssen spezielle Protokolle vorgesehen werden, da langandauernde Transaktionen nicht durch Sperren Objekte über lange Zeit blockieren dürfen. Wir definieren die folgenden Sperrmodi [Lorie/Plouffe 1983] für das Granulat K-, H- oder M-Tupel:

RNW erlaubt Leseoperationen auf K-, H- und M-Tupeln, aber keine Schreiboperationen anderer Transaktionen.

WD erlaubt Schreib- und Löschoperationen auf K-, H- und M-Tupeln.

RW erlaubt Leseoperationen auf K-, H- und M-Tupeln, ohne Schreiboperationen anderer Transaktionen zu verbieten.

W erlaubt Schreiboperationen auf K-, H- und M-Tupeln, aber keine Löschoperationen.

Die Modi RNW und WD entsprechen den klassischen Lese- und Schreibsperren. Diese werden ergänzt durch RW und W, welche das Arbeiten mit langandauernden Transaktionen speziell unterstützen. RW erlaubt gleichzeitiges Lesen und Modifizieren der entsprechenden Objekte; dabei sind Löschoperationen untersagt. Diese Sperre ist besonders attraktiv, wenn Objekte durch andere aufgrund von Fremdsurrogaten referenziert werden. W entspricht WD, wobei jedoch aus analogen Überlegungen Löschoperationen untersagt bleiben.

In der Metadatenbank (siehe Abschnitt 5.3.2) muss nun festgehalten werden, welcher Benutzer welche K-, H- oder M-Tupel aus der globalen Datenbank extrahiert hat und mit welchen Sperren die Objekte versehen sind. Dazu merkt man sich einfach die Benutzeridentifikation, das Surrogat des K- oder M-Tupels resp. dasjenige des Wurzeltupels bei H-Relationen sowie den entsprechenden Sperrmodus. Bei gleichzeitigem Zugriff auf die globale Datenbank wird geprüft, welche Objekte in welcher Form gesperrt sind. Konflikte können entstehen, wenn z.B. eine WD-Sperre für ein Objekt gesetzt werden soll, das bereits eine (beliebige) Sperre besitzt. Keine Konflikte ergeben sich, falls das zu sperrende Objekte noch keine Sperren aufweist oder falls z.B.. eine RW-Sperre für ein Objekt mit W-, RW- oder RNW-Sperre angefordert wird.

REQUEST \ SPERRMODUS	RNW	WD	RW	W
RNW	nein	ja	nein	ja
WD	ja	ja	ja	ja
RW	nein	ja	nein	nein
W	ja	ja	nein	ja

ja: ein Konflikt
nein:kein Konflikt

Abb. 4-8: Konflikttabelle bei Check-out.

In Abb. 4-8 sind die möglichen Konflikte zusammengefasst, die bei einer Check-out-Operation einer langandauernden Transaktion auftreten können.

4.7 Diskussion

4.7.1 Datenmodellierung

Ein Datenmodell für Datenbanksysteme umfasst Abstraktionsmechanismen zur Beschreibung eines Ausschnittes der realen Welt oder unserer Vorstellung, dazu zählen *Objekte und Operationen.* Bekannte klassische Datenmodelle für Datenbanken sind das hierarchische, das netzwerkartige und das relationale Datenmodell. Diese eignen sich in ihrer ursprünglichen Form ungenügend für Ingenieuranwendungen ([Dittrich et al. 1985], [Eastman 1980], [Härder/Reuter 1983], [Haskin/Lorie 1982b] oder [Sidle 1980]). Es existieren deshalb eine Reihe von Bestrebungen, bestehende Datenmodelle zu erweitern oder neue Datenmodelle für Datenbanksysteme zu definieren. Wir diskutieren im folgenden einige dieser Ansätze und stellen sie in Beziehung zu unseren beschriebenen Erweiterungen des Relationenmodells.

Das Entität-Beziehungsmodell oder *ER-Modell* [Chen 1976] basiert auf Entitätsmengen und Beziehungen (Relationships) zwischen Entitätsmengen. Es ist in verschiedenen Arbeiten erweitert worden, besonders auch im Hinblick auf Ingenieuranwendungen oder Softwareengineering ([Dittrich et al. 1986] oder [Wiederhold/El-Masri 1980]). Das ER-Modell hat den Vorteil, dass der Benutzer mit Hilfe von ER-Diagrammen seine Datenbestände konsultieren kann. Solche navigierende Abfrage- und Manipulationsmöglichkeiten sind vor allem bei grossen Datenbeständen wie technische oder statistische Datenbanken äusserst nützlich ([Shoshani 1978], [Shoshani 1982], oder [Shoshani/Wong 1985]). Auch erlaubt das ER-Modell eine einfache Abbildung in die immer noch stark gebräuchlichen hierarchischen, netzwerkartigen oder relationalen Datenbanksysteme.

Semantische Netze [Findler 1979] stammen aus dem Gebiet der künstlichen Intelligenz. Ein semantisches Netz entspricht einem Graphen, bei welchem die Knoten Entitäten oder Entitätsklassen repräsentieren und die Kanten für assoziative Verbindungen oder Beziehungen stehen. Semantische Netze sind speziell auch für die Datenmodellierung bei Datenbanksystemen eingesetzt worden, indem sie durch eine prozedurale Schnittstelle ergänzt wurden ([Levesque 1979], [Mylopoulos et al. 1980]). Diese enthält neben Klassen- und Subklassenbildung auch Strukturierungsmöglichkeiten wie Aggregation, d.h. Zusammenfassen von Teilen zu einem Ganzen (Part-of) oder Generalisierung als Vereinigung von Typen mit gemeinsamen Eigenschaften (Is-a). Erweiterungen semantischer Netze zu Datenmodellen für Ingenieuranwendungen bilden z.B. die Arbeiten von [Foisseau/Valette 1982] oder [McLeod et al. 1983].

Das sogenannten *NF^2-Modell* ([Schek/Pistor 1982], [Schek/Scholl 1986]) bildet eine Erweiterung des Relationenmodells, wobei als Attribute auch relationenwertige auftreten dürfen. Relationen des NF^2-Modells müssen also nicht in Erster Normalform stehen (NF^2

= non first normal form), sondern die Attribute können eventuell sogar rekursiv vom Typ "Relation" sein [Jaeschke 1985]. Dabei können NF2-Relationen durch spezielle Operationen in klassische Relationen überführt werden und umgekehrt. Die erweiterte Relationenalgebra erlaubt zudem den Zugriff auf übergeordnete Relationen und auf relationenwertige Attribute.

Rekursive Datenmodelle [Lamersdorf/Schmidt 1983] erlauben das Beschreiben von strukturierten Datenobjekten durch rekursiv definierte Datentypen. Insbesondere lassen sich verschiedenartige Strukturen wie Bäume, Listen oder Mengen direkt repräsentieren. Zu jedem rekursiv definierten Datentyp können mehrere, im allgemeinen geschachtelte Strukturgeneratoren definiert werden, die durch Selektoren identifizierbar sind. Anwendungsorientierte Operationen über rekursiv definierte Datentypen erlauben zusätzlich, Konsistenzbedinungen aus unterschiedlichen Anwendungsbereichen zu erfüllen.

Ein Typ Surrogat sowie zwei Formen der Abstraktion, nämlich Aggregation und Generalisierung [Smith/Smith 1977] bilden die Grundlage der von Codd vorgeschlagenen Erweiterung des Relationenmodells [Codd 1979]. Das *Surrogatmodell* ([Haskin/Lorie 1982b] oder [Meier/Lorie 1983a]) ist von diesen Ideen beeinflusst, nutzt aber das vom System bereitgestellte Attribut Surrogat zum Beschreiben und Verwalten von komplexen oder molekularen Objekten (vergl. [Lorie et al. 1985] oder [Meier 1986a]). Die Operationen der Relationenalgebra gelten nach wie vor, können aber für molekulare Objekte verallgemeinert werden ([Meier/Lorie 1983b] und [Fagin 1983]).

Das Datenmodell von XRS basiert auf dem Surrogatmodell und führt gleichzeitig neue Typen von Relationen ein, welche der Strukturbeschreibung und der geforderten Mehrdimensionalität genügen. Im Vergleich zum ER-Modell oder zu den semantischen Netzen ist XRS wie auch das NF2-Modell dem Relationenmodell verpflichtet, welches durch Einfachheit der Darstellung und Mächtigkeit der Sprache bestricht. Andererseits bleibt die Modellierungsmöglichkeit mit XRS beschränkt, Attribute müssen atomar oder vom Typ Tensor sein und es besteht keine Rekursion. Bei rekursiven Relationenalgebren oder rekursiven Datenmodellen wird die Menge der Grundtypen und Typkonstruktoren wesentlich erweitert oder verallgemeinert. So bestehen die Möglichkeiten zur Bildung von Mengen, Listen oder Bäumen mit expliziter Einbringung von Konsistenzbedingungen in die Typdefinition ([Pistor/Traunmüller 1985], [Schmidt 1983], [Stonebraker et al. 1983]). Diese Ansätze dringen immer mehr in die Domäne der Programmiersprachen ein und illustrieren die Vermischung von Datenbankkonzepten, Programmierwerkzeugen und Methoden der künstlichen Intelligenz.

4.7.2 Konsistenzbedingungen

Unter *Konsistenz* versteht man bei Datenbanksystemen die korrekte und widerspruchsfreie Modellierung der Daten und Datenbeziehungen einer spezifischen Anwendung. Bei technischen Anwendungen besagt Konsistenz zusätzlich, dass die Datenbasis physikalischen Gesetzen, geometrischen und topologischen Beziehungen sowie produktionstechnischen Bedingungen genügen muss. Konsistenzbedingungen sind dazu da, die Korrektheit der Daten zu gewährleisten. Sie beziehen sich primär auf den Datenbankzustand, können aber im Rahmen eines Transaktionskonzeptes (vergl. 4.7.4) auch Zustandsänderungen einer Datenbank betreffen [Steinbauer/Wedekind 1985].

Verschiedene Autoren ([Eastman/Lafue 1982], [Neumann/Hornung 1982]) unterscheiden zwischen lokaler und globaler Konsistenz bei technischen Anwendungen. Lokale Konsistenz beschränkt sich auf einzelne Ausprägungen von Objekten oder auf einzelne Versionen zu einem bestimmten Zeitpunkt. Während des Entwurfs eines Objektes dürfen vorübergehend Inkonsistenzen auftreten, bei der Freigabe der Objekte für andere Benutzer oder Benutzerklassen müssen jedoch alle Bedingungen der lokalen Konsistenz erfüllt sein.

Bei der globalen Konsistenz müssen neben der Gewährung der lokalen Konsistenz verschiedener Objekte oder Objektversionen auch Bedingungen für Beziehungen oder Abhängigkeiten berücksichtigt werden. So gilt z.B. nach [Neumann/Hornung 1982] ein Objekt als global konsistent, wenn alle seine Ausprägungen einem bestimmten Abhängigkeitsgraphen zwischen den verschiedenen Versionen genügen. Solche und ähnliche Konsistenzbedingungen sind vor allem beim Entwurf integrierter Schaltungen von Nutzen ([Batory/Kim 1985] oder [Katz 1983]).

Geometrische und topologische Konsistenzbedinungen garantieren die Widerspruchsfreiheit bei der geometrischen Anordnung des Entwurfs einer integrierten Schaltung, beim rechtsgültigen Verändern von Parzellen (vergl. z.B. [Meier/Ilg 1986]) oder beim Modellieren von räumlichen Objekten im Maschineningenieurwesen [Eastman/Preiss 1984]. Solche Bedingungen sind besonders zeitkritisch und können deshalb durch mehrdimensionale Datenstrukturen und spezielle Suchalgorithmen unterstützt werden (vergl. z.B. [Jared/Stroud 1983], [Mantyla/Tamminen 1983]). Zusätzlich lassen sich sogenannte Euler Operatoren definieren ([Braid et al. 1980] oder [Eastman/Weiler 1979]), welche die topologische Konsistenz von geometrischen Objekten jederzeit garantieren.

XRS bietet modellinhärente Konsistenzbedingungen, wie z.B. Struktureigenschaften bei H-Tupeln (referentielle Integrität) oder Eindeutigkeitsbedingungen bei den Surrogaten. Die Unterscheidung von lokaler und globaler Konsistenz wird dem Benutzer überlassen, da Abhängigkeiten von Anwendung zu Anwendung variieren können. Hingegen werden geometrische und topologische Konsistenzbedingungen durch eine raumbezogene

Dateiorganisation (Gitterdatei) sowie spezifische geometrische Suchverfahren für Bereich- und Nachbarschaftsfragen unterstützt.

4.7.3 Zeit- und Versionenverwaltung

Bei temporalen Datenbanken ([Dadam et al. 1984], [Härder 1984], [Klopprogge/Lockemann 1983], [Müller/ Steinbauer 1983], [Snodgrass 1985]) kann der Anwender seine Daten mit Zeitangaben versehen. Anfragen an eine temporale Datenbank beziehen sich auf bestimmte Zeitpunkte oder Zeitintervalle, da das Datenbanksystem mehrere zeitlich verschiedene Versionen eines Objektes verwaltet. Grundlegend werden die folgenden Aufzeichnungsarten unterschieden:

- *Zustandserhaltende Aufzeichnung*: Es sollen zeitliche Aspekte erfasst werden, die jeweils einen neuen Zustand eines technischen Objektes beschreiben. Der Zeitraum der Gültigkeit eines Zustandes ist in diesem Fall ein Zeitintervall.
- *Zustandsändernde Aufzeichnung*: Hier sind Aufzeichnungen von physikalischen Objektänderungen wie Druck, Gewicht, Wärmeleitfähigkeit etc. zu verstehen. Diese Messwerterfassung erfolgt in diskreten zeitlichen Abständen und ist nur in diesen Messpunkten (von Messfehlern abgesehen) exakt. Die Werte zu anderen Zeitpunkten berechnen sich gemäss bestimmter Funktionen.

Im technischen Anwendungsbereich kommt dem Zeitaspekt eine besondere Bedeutung zu: Beim Entwurf von Objekten ist eine zustandserhaltende Aufzeichnung mit einer Versionenkontrolle wichtig, bei der Simulation, Konstruktion oder Herstellung von Objekten steht eine zustandsändernde Aufzeichnung im Vordergrund.

Bei technischen Datenbanken wie etwa beim rechnergestützten Entwurf von integrierten Schaltungen oder bei der Konstruktion von Bauteilen können Versionen mit nicht notwendigerweise zeitlichem Bezug auftreten ([Batory/Kim 1985], [Dittrich/Lorie 1985], [Katz/Lehmann 1984], [Klahold et al. 1986], [Meier/Petry 1986]). Um solche Beziehungen zwischen Versionen oder Beziehungen zwischen den Teilen eines Objektes adäquat beschreiben zu können, lassen sich spezielle Konsistenzbedingungen formulieren, die sich auf Zustandsänderungen beziehen.

In XRS sind sowohl zustandserhaltende wie zustandsändernde Aufzeichnungen möglich, ohne dabei einen speziellen Datentyp "Zeit" einführen zu müssen. Vielmehr muss der Anwender sein eigenes Zeitkonzept mit den bestehenden Konstrukten definieren, da schon beim Festlegen eines Zeitmassstabes von Anwendung zu Anwendung Unterschiede existieren. XRS unterstützt insbesondere auch Versionen ohne zeitliche Abhängigkeiten, da die Versionenkontrolle auf dem Surrogatmodell basiert.

4.7.4 Mehrbenutzeraspekte

Transaktionskonzepte für technische Datenbanken sind in verschiedenen Arbeiten studiert worden ([Beeri et al. 1986], [Bancilhon et al. 1985], [Kutay/Eastman 1983], [Kim et al. 1983], [Klahold et al. 1986], [Lorie/Plouffe 1983] oder [Weikum/Schek1984]). Viele der Ansätze schlagen *geschachtelte Transaktionen* [Moss 1982] vor, bei welchen Transaktionen streng hierarchisch aufeinander aufbauen. Abhängige Transaktionen dürfen nur nach Anlauf von übergeordneten Transaktionen starten, umgekehrt müssen abhängige Transaktionen vor ihren übergeordneten Transaktionen enden. Sperren werden von unten nach oben gereicht, d.h. so gesperrte Objekte stehen übergeordneten Transaktionen weiterhin zur Bearbeitung zur Verfügung. Somit bildet jede Transaktion einer bestimmten Stufe eine Synchronisationseinheit mit einer genau definierten Umgebung. Spezielle Verfeinerungen (vergl. z.B. [Kim et al. 1983]) ermöglichen unter Vorabfreigabe (Downward-commit), Auswirkungen einer Transaktion nach aussen sichtbar zu machen. Abhängige Transaktionen können ihrerseits unabhängig werden, indem sie die entsprechenden Objekte nach oben freigeben (Upward-commit).

In XRS sind zurzeit keine geschachtelten Transaktionen vorgesehen, da diese das Problem von langandauernden Datenbankinteraktionen nicht berücksichtigen. Hinzu kommt die noch ungeklärte Frage der Benutzerakzeptanz von zwar differenzierten, aber relativ komplizierten Transaktionskonzepten bei geschachtelten Transaktionen. Einfachere Transaktionskonzepte, wie sie z.B. von [Katz 1983] oder [Lorie/Plouffe 1983] vorgeschlagen wurden, erlauben simplere Sperrmechanismen zur Überwachung konkurrierender Zugriffe. Das an [Lorie/Plouffe 1983] angelehnte Transaktionskonzept von XRS vereinfacht die Ingenieurarbeit insofern, da jeder Benutzer in seiner lokalen Datenbank eigene Objektversionen autonom bearbeiten kann. Mehrbenutzeraspekte sind dabei auf Interaktionen mit der globalen Datenbank beschränkt.

5 Implementierung technischer Datenbanksysteme

Das Kapitel widmet sich Systemarchitekturen und Implementierungshilfen für technische Datenbanksysteme. Abschnitt 5.1 beschreibt eine generelle Schichtarchitektur, die sich von klassischen Architekturvorschlägen für Datenbanksysteme ableitet. Abschnitt 5.2 erläutert die Systemarchitektur von XRS und geht im speziellen auf den Datenbankkern und die zugehörige Sprachschnittstelle ein. Schliesslich illustriert Abschnitt 5.3 alternative Architekturvorschläge.

5.1 Schichtarchitektur

Unter der Systemarchitektur eines Datenbanksystems versteht man den Gesamtaufbau, d.h. die Strukturierung sämtlicher Komponenten sowie deren Wechselbeziehungen. Unabhängigkeit und Flexibilität der einzelnen Komponenten bilden die Hauptforderungen an das Architekturkonzept, damit Transparenz gewahrt bleibt und künftige Änderungen lokal begrenzt werden können. Wie bei der Implementierung von Betriebssystemen oder anderen Systemkomponenten besteht Einigkeit, verschiedene Systemebenen einzuführen, die voneinander unabhängig sind und über klar definierte Schnittstellen miteinander kommunizieren.

Wir wählen eine Schichtarchitektur, wie sie Härder für die Implementierung klassischer Datenbanksysteme [Härder 1978], aber auch für erweiterte Datenbanksysteme in [Härder/Reuter 1983] bzw. [Härder/Reuter 1985] vorschlägt. Die in Abb. 5-1 gegebenen Schichten dienen vor allem dazu, ein datenunabhängiges Datenbanksystem realisieren zu können. Jede Schicht definiert Objekte und Operationen, die als Primitiven der direkt übergeordneten Schicht dienen.

Wir beschreiben die einzelnen Schichten von unten nach oben gemäss Abb. 5-1:

Schicht 1: Speicherzuordnung
Die Schicht realisiert Speicherzuordnungsstrukturen und bietet der übergeordneten Schicht eine blockorientierte Dateiverwaltung. Dabei bleiben Geräteeigenschaften den datei- und blockbezogenen Operationen verborgen. Die Dateiverwaltung sollte nach Möglichkeit dynamisch wachsende Dateien unterstützen, definierbare Blockgrössen sowie Clusterbildung von Blöcken zulassen und die Ein- und Ausgabe von mehreren Blöcken mit Hilfe einer einzigen Operation erlauben.

Schicht 2: Seitenzuordnung
Aus Effizienzgründen und für die Implementierung von Recoveryverfahren unterteilt die Schicht zwei den linearen Adressraum in Segmente mit sichtbaren Seitengrenzen, wobei verschiedene Segmenttypen möglich sind. Seiten werden auf Anforderung in einem Puffer bereitgestellt, umgekehrt können Seiten durch eine Einbring- bzw. Ersetzungsstrategie in die Datenbank gebracht bzw. in dieser ersetzt werden.

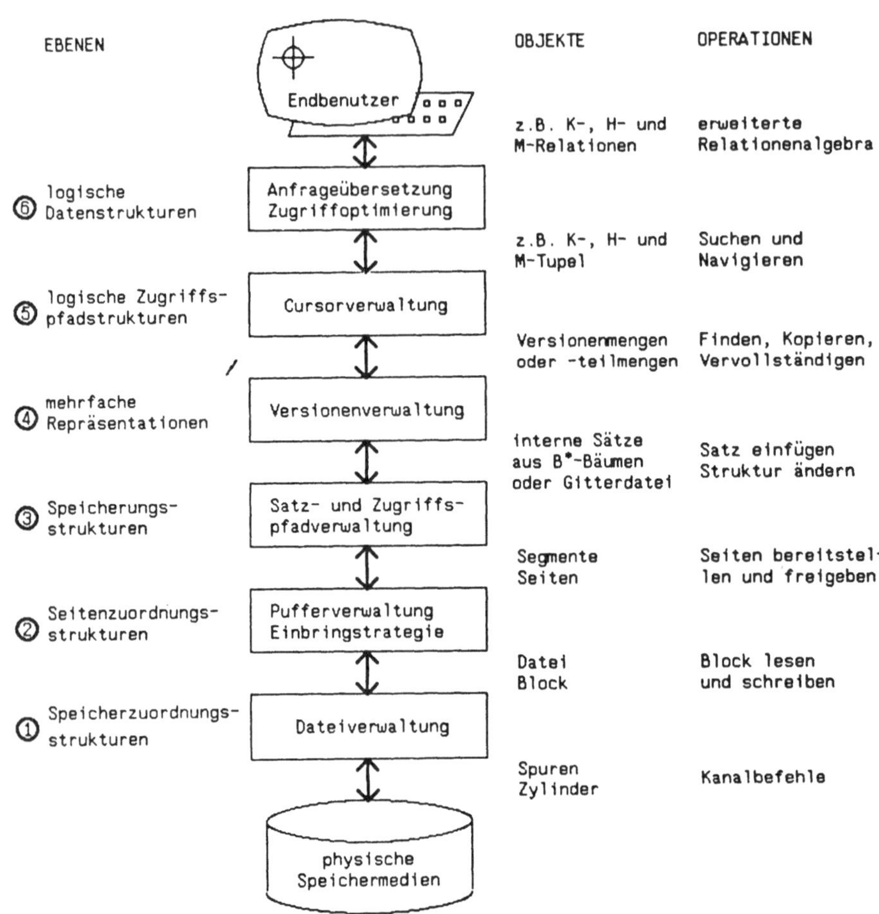

Abb. 5-1: Schichtarchitektur von Datenbanksystemen nach Härder.

Neben der direkten Zuordnung von Seiten zu Blöcken existieren indirekte Zuordnungen, mit welchen sich mehrere Seiten atomar in die Datenbank einbringen lassen; dazu zählen Schattenspeicherkonzepte oder neuere Cacheverfahren. Wie weit und ob die Pufferverwaltung *objektbezogen* zusammengehörige Seiten bereitstellen und verwalten soll, steht heute zur Diskussion.

Schicht 3: Speicherungsstrukturen

Die Schicht implementiert physische Datensätze und Zugriffspfade in seitenadressierten Segmenten. Um physische Objekte manipulieren zu können, müssen diese ein klar definiertes Format aufweisen. Die Zahl verschiedener Seitenformate ist zu begrenzen, jedoch sollte neben datenbezogenen Organisationsformen auch raumbezogene unterstützt werden. Physische Clusterbildung und mehrdimensionale Zugriffsformen für Bereich- oder Nachbarschaftsfragen sind das Hauptmerkmal für eine effiziente Satz- und Zugriffspfadverwaltung. Zudem besteht oft der Anspruch, variabel lange oder rekursiv definierte Felder über Seiten hinaus verwalten zu können.

Schicht 4: Mehrfachrepräsentationen

Die Schicht dient der Versionenverwaltung, eventuell ergänzt durch ein Zeitkonzept. Dabei werden verschiedene Versionen zu Mengen zusammengefasst und vollständig oder als Differenzen verwaltet. Das Zugreifen auf einzelne Versionen oder Versionenmengen, das Einfügen, Löschen, Kopieren oder Vervollständigen von Versionen muss in dieser Schicht realisiert werden. Bei einem zeitlichen Bezug müssen Ableitungs- und eventuell Approximationsfunktionen bereitgestellt werden, welche aus den Zeitversionen aktuelle Aussagen ermitteln oder berechnen.

Schicht 5: Logische Zugriffspfade

Die Schicht bildet logische Sätze und Zugriffspfade auf physische Strukturen ab. Zur Verwaltung von objekt- oder zugriffspfadverknüpften Sätzen eignen sich verschiedene Scantechniken (Cursorkonzept): das Aufsuchen bestimmter Säzte eines Objektes oder einer Versionenmenge, das Durchlaufen von Sätzen gemäss der physischen Speicherungsreihenfolge, das Bereitstellen von Sätzen in wertabhängiger Sortierreihenfolge, raumbezogener Satzzugriff oder hierarchisches Abwandern aller Sätze eines strukturierten Objektes. Um Optimierungen vorzunehmen, können logische Sätze auf mehrere physische Sätze eventuell redundant abgebildet und die Felder eines Satzes komprimiert oder nach Zugriffshäufigkeiten verwaltet werden.

Schicht 6: Logische Datenstrukturen

In dieser Schicht werden Datenstrukturen beschrieben, Operationen auf Mengen bereitgestellt, Zugriffsbedingungen definiert und Konsistenzforderungen geprüft. Je nach Datenmodell müssen entweder zur Laufzeit oder bei vorgezogener Übersetzung und Generierung von Zugriffsmodulen die Syntax geprüft, Namen aufgelöst und Zugriffspfade ausgewählt werden. Bei der Übersetzung einer Datenbankabfrage oder -manipulation sowie bei der Auswahl und Nachführung von Zugriffspfaden können wesentliche Optimierungen vorgenommen werden, die sowohl Objekte wie Versionenmengen miteinbeziehen sollten.

5.2 Systemarchitektur von XRS

Die Architektur des erweiterten relationalen Datenbanksystems XRS richtet sich nach der Schichtarchitektur, welche im vorigen Abschnitt erläutert wurde. In der Abb. 5-2 ist die Grobarchitektur von XRS gezeigt, mit der Zuordnung der einzelnen Komponenten zu den sechs propagierten Ebenen. Die Ebenen drei (Speicherungsstrukturen) und vier (Mehrfachrepräsentationen) sind in XRS zusammengefasst, weil ein und dieselbe Speicherungsstruktur sowohl K- und H- resp. M-Tupel als auch versionenbehaftete K- und H- resp. M-Tupel zu verwalten vermag. Die Versionenverwaltung in XRS verlangt somit keine eigenen Speicherungsstrukturen!

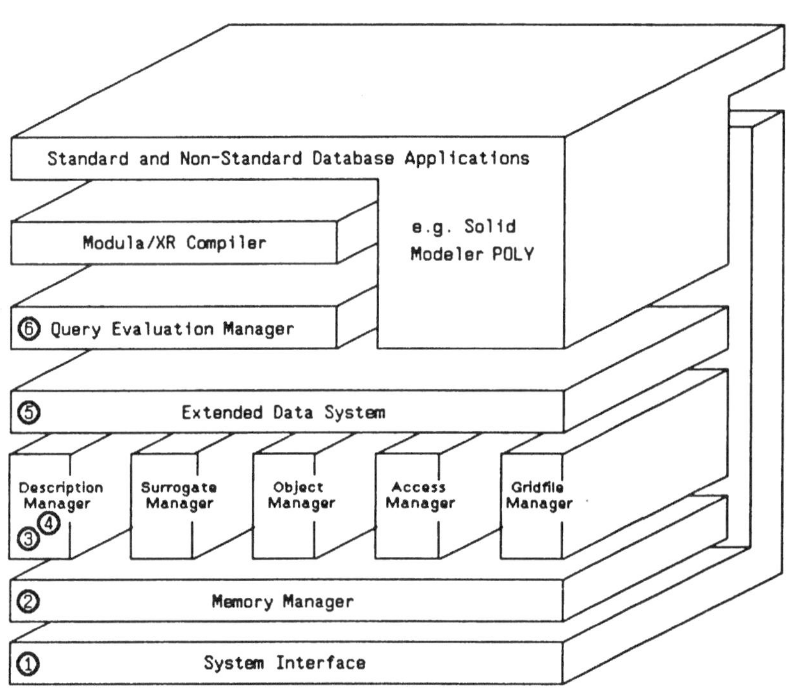

Abb. 5-2: Zuordnung der sechs Ebenen der Schichtarchitektur zu den Komponenten von XRS.

Die Architektur von XRS teilt sich auf in den eigentlichen Datenbankkern (Ebenen 1 bis 5) und in eine deskriptive Sprachschnittstelle (Ebene 6). Der Datenbankkern [Meier et al. 1986] bietet eine Mehrtupelschnittstelle mit Funktionen zur Datenbankdefinition, -abfrage, -manipulation sowie zur Versionenkontrolle an:

Die tiefste Schicht *System Interface* des Datenbankkerns von XRS stellt die portable Standardschnittstelle OSSI [Biagioni et al. 1986] zur Verfügung, welche Geräteunabhängigkeit garantiert. Zudem enthält die Schicht die Definition aller wichtigen Datenstrukturen von XRS sowie die Werte der globalen Datenbankparameter. Diese sind im Anhang B8 detaillierter gegeben.

Die nächste Schicht *Memory Manager* (Anhang B7) verwaltet eine variabel festlegbare Anzahl Seiten im Hauptspeicher unter Verwendung eines einfachen, virtuellen Konzeptes.

Die Schicht drei und vier zerfällt in mehrere Komponenten, wobei konsequent Querzugriffe zwischen Komponenten in der Schicht selbst vermieden und über die nächsthöhere Schicht vollzogen werden. Die Komponente *Description Manager* (Anhang B2) verwaltet eine hauptspeicherresidente Beschreibung der aktuellen Datenbank, d.h. das Datenbankschema. Mit der Komponente *Surrogate Manager* (Anhang B3) werden unter Berücksichtigung der Eindeutigkeitsforderungen neue Surrogatwerte vergeben und auf physische Adressen abgebildet. Die Komponente *Object Manager* (Anhang B4) verwaltet K- und H-Tupel sowie deren Versionen, insbesondere auch die Beschreibungsdaten. Zudem ist ein effizienter Zugriff auf die Tupel eines Objektes oder auf Versionenmengen gewährleistet, da beide Zugriffe die Clusterbildung ausnützen (vergl. die Einführung der beiden Systemrelationen SysR und SysS in Abschnitt 4.2.3). Zugriffspfade von Benutzerschlüsseln auf Surrogate werden mit B^*-Bäumen in der Komponente *Access Manager* (Anhang B5) verwaltet und nachgeführt. Die Komponente *Gridfile Manager* (Anhang B6) verwaltet die M-Tupel und ermöglicht den Zugriff über mehrdimensionale Schlüssel.

Die oberste Schicht des Datenbankkerns *Extended Data System* (Anhang B1) umfasst eine prozedurale Schnittstelle, welche Funktionen zur Datenbankeröffnung und -schliessung, zur Abfrage und Manipulation von Objekten, Versionen oder Schemainformationen sowie zur Transaktionssteuerung anbietet. Die Prozeduren arbeiten zum Teil satzorientiert (Abfrage-, Einfüge- und Ersetzoperationen), zum Teil mengenorientiert (Lösch- und Kopieroperationen), wobei ein Cursorkonzept die Abfrage- und Manipulationsoperationen unterstützt. Die Prozeduren und das Cursorkonzept sind im Anhang A näher beschrieben.

Als Sprachschnittstelle steht eine Erweiterung von Modula/R [Koch et al. 1983] zur Diskussion, eine in Modula-2 [Wirth 1985] eingebettete, deskriptive Datenbankprogrammiersprache, welche ein Prädikatenkalkül erster Ordnung zur Auswertung von logischen Ausdrücken über Relationen umfasst. Die Schicht sechs umfasst die Komponente *Query Evaluation Manager* zur Auswertung und Optimierung von Datenbankabfragen sowie den eigentlichen *Modula/XR Compiler* für die Übersetzung der in Modula-2 eingebetteten prädikatlogischen Ausdrücke.

Der geometrische Modellierer *POLY* ([Meier/Loacker et al. 1986] und [Meier/Loacker 1987]) benutzt den Datenbankkern von XRS, wobei die vom Modellierer erzeugten Objekte in K-, H- und M-Relationen abgelegt oder aus solchen von der Datenbank gelesen werden. Er illustriert, dass anspruchsvolle technische Anwendungen direkt auf der Mehrtupelschnittstelle des Datenbankkerns aufsetzen können, um möglichst hohe Effizienz beim interaktiven Arbeiten mit einer grafischen Schnittstelle zu garantieren. Wir gehen auf diese spezielle Anwendung im nächsten Kapitel ausführlicher ein.

5.3 Implementierungsaspekte des Datenbankkerns von XRS

5.3.1 Dreistufiges Zugriffskonzept

Die Zugriffsorganisation dient dazu, aufgrund einer Abfrage diejenigen Datensätze zu finden, welche die vom Benutzer definierten Selektionskriterien erfüllen. Im Datenbankkern von XRS besteht eine dreistufige Zugriffsorganisation, nämlich über Benutzerschlüssel, Surrogate sowie mehrdimensionale Schlüssel.

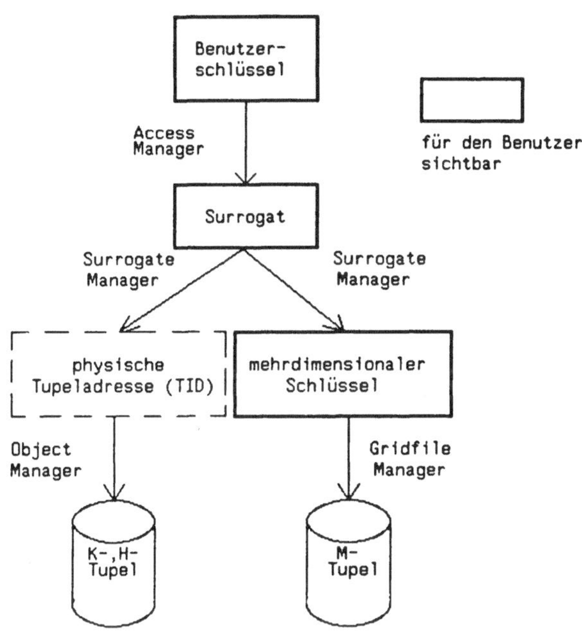

Abb. 5-3: Dreistufige Zugriffsorganisation über Benutzerschlüssel, Surrogat und mehrdimensionalen Schlüssel.

Wie aus Abb. 5-3 hervorgeht, werden im Datenbankkern von XRS zwei unterschiedliche Dateiorganisationen verwendet: eine punktbezogene und eine raumbezogene. K- und H-Tupel werden auf eigenen Seiten abgelegt (vergl. Abschnitt 4.2.3). Zu deren Verwaltung dienen virtuelle Speicheradressen, genannt TID. Für die Ausprägungen von M-Relationen wird die raumbezogene Gitterdatei verwendet (siehe Abschnitt 4.3.2). Die Gitterdatei stellt ein Adressberechnungsverfahren dar, d.h. einem vollständig spezifizierten mehrdimensionalen Schlüssel entspricht direkt die physische Adresse eines M-Tupels.

Mit dem Surrogat wird jedes Tupel jeder K-, H- oder M-Relation eindeutig identifiziert. Es steht damit im Zentrum der Zugriffsorganisation. Das Surrogat wird auf TIDs (K- und H-Relationen) bzw. mehrdimensionale Schlüssel (M-Relationen) abgebildet. Diese Abbildung geschieht durch eine systemeigene Gitterdatei, für die das Surrogat als vierdimensionaler Schlüssel aufgefasst wird. Hierdurch wird ein effizienter Zugriff auf die Menge der zu einem unvollständig spezifizierten Surrogat gehörenden Tupel ermöglicht.

Für den beschleunigten Zugriff auf Daten steht es dem Benutzer frei, neben Surrogat und mehrdimensionalen Schlüsseln Benutzerschlüssel zu definieren. Diese werden über B*-Bäume auf Surrogate abgebildet.

Das Laufzeitverhalten eines Datenbanksystems wird im wesentlichen bestimmt durch die Anzahl Zugriffe auf den Sekundärspeicher, bei Manipulationen an Datenobjekten also durch die Auswirkungen solcher Operationen auf die physischen Seiten. Im Datenbankkern von XRS lassen sich deshalb Seiten- und Puffergrössen pro Datenbank und pro Arbeitsphase individuell festlegen. Zusätzlich können die Operationen auf den Seiten für K- und H-Tupel speziell durch die drei unten beschriebenen Parameter gesteuert werden, die sich während des Betriebs der Datenbank über eine Prozedur ändern lassen. Selbstverständlich bewirken Änderungen einer dieser Parameter keine Reorganisation der Datenbank, sondern sind erst bei künftigen Operationen wirksam. Gerade deshalb bieten sie aber eine gute Möglichkeit, umfangreiche Manipulationsarbeiten an K- und H-Tupeln der jeweiligen Objektumgebung individuell anzupassen.

Die *Seitenbelegungsgrenze* gestattet die erstmalige Füllung einer Seite nur bis zu dieser Grenze, ist jedoch bei späteren Manipulationen unwirksam. Der Parameter ermöglicht es dem Benutzer, häufig sich zu verändernde Objekte mit einer niedrigeren Seitenbelegungsgrenze in die Datenbank einzufügen, und so zu häufiges Teilen und Vereinen von Seiten zu vermeiden.

Eine Seitenbelegung unterhalb der *Seitensterbegrenze* wird durch einen speziellen Vermerk gekennzeichnet. Besitzen zwei Nachbarseiten je einen solchen Vermerk, so werden diese beiden Seiten zusammengelegt. Dieser Parameter kann dazu verwendet werden, Seiten, auf denen viel gelöscht und nachher wieder eingefügt werden soll, vor dem Zusammenlegen zu schützen (indem man die Seitensterbegrenze hinuntersetzt).

Die *Seitenreduziergrenze* gibt an, wo eine zu teilende Seite gespalten wird (falls ein Tupel auf einer bereits vollen Seite eingefügt werden soll). Die betroffene Seite wird dann bis zur Seitenreduziergrenze geleert und der Rest auf die nächste oder eine neu angeforderte Seite verschoben. Mit diesem Parameter kann ein häufiges Einfügen an fast denselbem Ort, wie das bei H-Relationen oft der Fall ist, unterstützt werden (Vermeiden repetitiven Teilens derselben Seite).

5.3.2 Metadatenbank als H-Relation

Die Beschreibung des Aufbaus einer Datenbank, das *Datenbankschema*, enthält alle Strukturinformation über die Datenbank, etwa welche Relationen die Datenbank enthält, von welchem Typ diese sind, die Beschreibung ihrer Attribute und Schlüssel. Darüber hinaus enthält sie auch Angaben, die im Datenbanksystem intern benötigt und verwaltet werden wie z.B. die Adresse der ersten Datenseite einer Relation oder Zugriffspfad-informationen.

Das Datenbankschema muss wie alle Benutzerdaten die gesamte Lebzeit der Datenbank überdauern und deshalb permanent auf Sekundärspeicher abgelegt werden. Hierzu kann man entweder spezielle Seiten verwenden oder das Datenbankschema selbst als Teil der zu verwaltenden Daten betrachten und in den Relationen der sogenannten *Metadatenbank* speichern. Während im ersten Fall zur Verwaltung des Datenbankschemas eigene Software notwendig ist, kann bei einer Metadatenbank das Lesen und Verändern des Datenbankschemas mit den gleichen Verwaltungsprozeduren wie bei den Benutzerdaten erfolgen. In XRS ist das Datenbankschema als Metadatenbank organisiert.

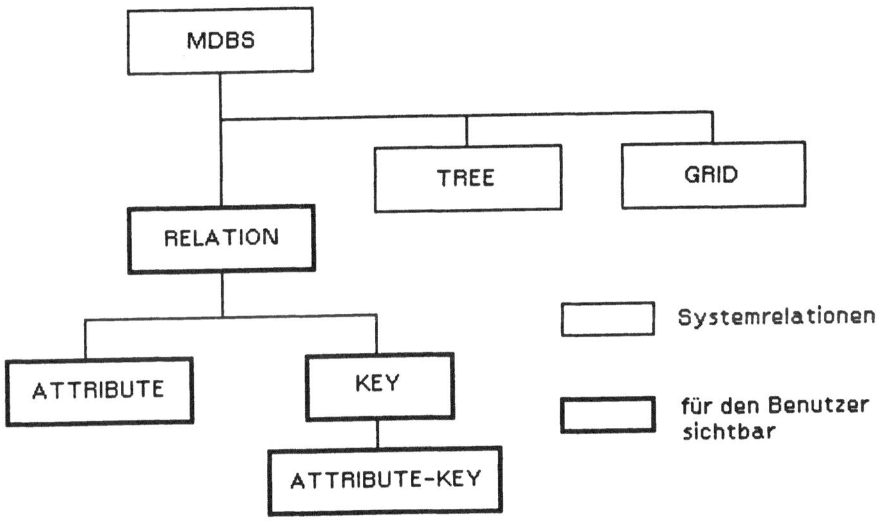

Abb. 5-4: Das Metadatenbankschema von XRS.

Das Metadatenbankschema von XRS ist eine H-Relation (Abb. 5-4), eine detaillierte Liste der zugehörigen Beschreibungsdaten befindet sich im Anhang B8. Die Relation MDBS stellt die Wurzel des Metadatenbankschemas dar. Sie dient der physischen Clusterung der Metadatenbank und ersetzt damit die sonst vorhandenen Systemrelationen SysR und SysS.

Als weitere Systemrelationen existieren TREE und GRID, welche dem Benutzer ebenfalls verborgen bleiben. Beide enthalten Angaben über benutzerdefinierte Zugriffspfade, d.h. zu Sekundärindizes (B*-Bäume) bzw. zu mehrdimensionalen Schlüsseln (Gitterdateien).

Neben den Systemrelationen MDBS, TREE und GRID enthält die Metadatenbank Relationen, welche dem Benutzer sichtbar sind. Die Tabelle RELATION enthält Beschreibungsinformation zu den Relationen einer benutzerdefinierten Datenbank, die Tabelle ATTRIBUTE zu den Attributen und die Tabelle KEY zu den Schlüsseln. Eine weitere Tabelle ATTRIBUTE-KEY beschreibt die nicht-hierarchischen Beziehungen zwischen Schlüsseln und Attributen. Wir betonen, dass der Benutzer jederzeit Beschreibungsdaten über Relationen, Attribute und Schlüssel konsultieren kann. Damit lässt sich das Metadatenbankschema als Data Dictionary beim Entwickeln von technischen Datenbankanwendungen einsetzen.

Durch die Realisierung der Metadatenbank als H-Relation können einige Konsistenzregeln bereits durch den Objektverwalter erzwungen werden. Beispielsweise können beim Definieren eines Datenbankschemas keine Attributsbeschreibungen in die Relation ATTRIBUTE eingefügt werden, ohne dass die zugehörige Relationenbeschreibung aus RELATION bereits existiert.

Da die Metadatenbank bei jeder Operation auf dem Datenbestand benötigt wird, ist ein effizienter Zugriff auf ihren Inhalt unerlässlich. Ausserdem kann davon ausgegangen werden, dass das Datenvolumen der Metadatenbank beschränkt ist. Aus diesen Gründen wird beim Arbeiten mit einer Datenbank ihre Beschreibung redundant im Hauptspeicher gehalten und die Komponente Description Manager übernimmt die Verwaltung und Nachführung dieser Daten. Zusätzlich darf ein benutzerdefiniertes Datenbankschema jederzeit um neue Relationen erweitert werden. Hingegen werden Schemaänderungen nicht unterstützt, die eine Reorganisation der Datenbank verlangen.

5.3.3 Prozedurale Schnittstelle mit erweitertem Cursorkonzept

Die prozedurale Schnittstelle (näher erläutert im Anhang A und B1) erlaubt das Verarbeiten von K-, H- oder M-Tupeln, die versionenbehaftet sein können. Im Gegensatz zur klassischen Eintupelschnittstelle relationaler Datenbanksysteme beziehen sich Abfrage- und Manipulationsoperationen dieser Schnittstelle auf Mengen von Tupeln (Löschen oder Kopieren von Objekten und Teilobjekten). Natürlich beschränkt sich ein prozeduraler Aufruf für das Einfügen oder Verändern z.B. eines abhängigen Tupels auf einen bestimmten Datensatz, doch erlaubt ein *erweitertes Cursorkonzept* solche Operationen an derselben Stelle oder innerhalb desselben Objektes bzw. derselben Objektmenge zu wiederholen. Dies führt zu *molekularen Operationen* auf K-, H- und M-Tupeln sowie beliebigen Versionenmengen.

Bei *Datenbankabfragen* erlaubt die Angabe einer Zugriffsebene und eines Bewegungsmodus, eine beliebige Relation im klassischen Sinne von Datensatz zu Datensatz zu durchlaufen, eine H-Relation in der hierarchischen Reihenfolge abzufragen, Punkt- und Bereichfragen zu beantworten sowie einzelne Versionen oder ganze Versionenmengen zu lesen.

Das Navigieren ist auf den folgenden *Zugriffsebenen* möglich, die sich auf die Feinheit der Cursorbewegung beziehen:

- Schlüssel: Das Navigieren erfolgt innerhalb einer Relation mit oder ohne Angabe eines eventuell nur zum Teil spezifizierten Schlüsselwertes. Wird kein Schlüsselwert angegeben, entspricht die Bewegung dem klassisch-relationalen Zugriff.
- Version: Innerhalb einer Versionenmenge können sämtliche Versionen aufgrund der Versionennummer V# des Surrogats durchsucht werden.
- Versionenmenge: Hier ist das Navigieren mit einem Wechsel der Versionenmenge verbunden, wobei der Cursor nur auf Versionenmengen innerhalb einer bestimmten Relation positioniert werden kann (Versionenmengennummer S#).
- H-Tupel: Diese Zugriffsebene erlaubt es, alle Datensätze eines H-Tupels in der Reihenfolge der physischen Abspeicherung zu durchlaufen, basierend auf den Surrogatteilen Relationennummer R# und Laufnummer N#.
- H-Relation: Das Navigieren zwischen Relationen ist bei H-Relationen wichtig. Damit werden Bewegungen zwischen Tupeln ermöglicht, die nicht derselben abhängigen Relation angehören (Relationennummer R#).

Bei M-Relationen ist es zusätzlich möglich, die zu selektierenden Tupel einer Relation in einer Prozedur zu beschreiben. Durch solche *benutzerdefinierten Prozeduren* können allgemeine Bereichfragen (z.B. Punkte innerhalb eines Polygons) oder Anfragen an zwei Relationen (z.B. Schnittpunkte von Kreisen und Rechtecken) formuliert werden.

Neben der Zugriffsebene ist der *Bewegungsmodus* wichtig, welcher je nach Feinheit der Cursorbewegung eine eigene Bedeutung aufweist:

- Vorhergehendes: Der Cursor wird auf dem vorhergehenden Tupel positioniert, wobei die Feinheit der Bewegung von der gewählten Zugriffsebene abhängt.
- Nächstes: Der Cursor wird auf dem nächsten Tupel positioniert, abhängig von der gewählten Zugriffsebene.
- Erstes: Der Cursor wird auf das erste Tupel innerhalb der gewählten Zugriffsebene positioniert. Auf der Zugriffsebene H-Relation erfolgt die Bewegung auf folgende, vom Wortlaut abweichende Art: Wechsel auf die erste abhängige Relation.

- Letztes: Der Cursor wird gemäss der Zugriffsebene auf das letzte Tupel positioniert. Auf der Zugriffsebene H-Relation erfolgt die Bewegung auf folgende, vom Wortlaut abweichende Art: Wechsel auf die übergeordnete Relation.

Bei *Datenbankmanipulationen* erlaubt die Angabe einer Mutationsebene die Menge der betroffenen Daten zu bestimmen. Es ist möglich, ganze Versionenmengen zu löschen, eine Kopie einer Version anzulegen bevor z.B. Änderungen an ihr vorgenommen werden, aber auch vollständige K-, H- oder M-Relationen (inkl. ihrer Beschreibung in der Metadatenbank) zu eliminieren oder zu duplizieren.

Die *Mutationsebene* kennt folgende Granulate:

- Tupel: Bei der Angabe der Mutationsebene Tupel wird ein K-, H- oder M-Tupel selektiert. Es ist auch möglich, ein abhängiges Tupel anzugeben.
- Version: Aufgrund des Granulats wird eine Version innerhalb einer Versionenmenge ausgewählt.
- Versionenmenge: Eine Versionenmenge mit all ihren Versionen wird für die auszuführende Operation vorgemerkt.
- Relation: Eine Operation mit dem Granulat Relation selektiert eine K-, H- oder M-Relation mit ihrer Beschreibung aus der Metadatenbank und all ihren Ausprägungen. Manipulationen auf dieser Ebene sind mit Vorsicht auszuführen, können sie doch das Löschen einer ganzen Relation zur Folge haben.

Aufgrund des Cursorkonzeptes mit Zugriffsebene, Bewegungsmodus und Mutationsebene lassen sich die Datenbankoperationen wie folgt zusammenfassen (siehe auch Anhang):

Retrieve liefert einen Datensatz, wobei sämtliche Zugriffsebenen und Bewegungsmodi zulässig sind. Ergibt die Anfrage an die Datenbank aufgrund der gewählten Zugriffsebene als Resultat eine Menge von Tupeln (z.B. Zugriffsebene 'Schlüssel' mit unvollständig spezifiertem Schlüsselwert), so wird je nach gewähltem Bewegungsmodus das erste oder letzte Tupel dieser Menge ausgegeben; die weiteren Tupel sind über die beiden anderen Bewegungsmodi 'Nächstes' und 'Vorhergehendes' anzusprechen.

GeometricSearch erlaubt allgemeine Bereichfragen und Abfragen über geometrische Beziehungen zwischen zwei Relationen. Voraussetzung für diese Art von Datenbankabfragen ist, dass die entprechenden Daten in M-Relationen abgelegt sind. Die Bewegungsmodi ermöglichen das Suchen weiterer Datensätze in unterschiedlichen Raumdimensionen oder in benutzerspezifizierten Regionen.

Insert fügt einen Datensatz in die Datenbank ein, der zur Bildung einer neuen Version oder Versionenmenge benützt werden kann. Für das Einfügen eines abhängigen Tupels in ein H-Tupel muss die H-Referenz explizit durch einen Surrogatwert oder implizit durch die

Cursorposition gegeben sein, beim Einfügen einer Version in eine Versionenmenge muss die Menge bekannt sein.

Replace ersetzt beliebige Merkmalswerte in einem Datensatz, falls diese nicht das Surrogat oder den mehrdimensionalen Schlüssel betreffen.

Delete löscht ein Tupel, eine Version, eine Versionenmenge oder eine K-, H- oder M-Relation in der Datenbank. Das Löschen einer ganzen Relation bewirkt eine Modifikation des Datenbankschemas.

Copy dupliziert eine Version innerhalb einer Versionenmenge, eine ganze Versionenmenge innerhalb einer Relation oder eine K-, H- oder M-Relation inklusive ihrer Beschreibung. Dabei werden die betroffenen Surrogatkomponenten neu vergeben, externe vom Benutzer definierte Referenzen werden nicht nachgeführt. Das Kopieren einer ganzen Relation bewirkt eine Erweiterung des Datenbankschemas. Die Operation Copy dient vor allem der Versionenkontrolle, indem sie erlaubt, neue Versionen und Versionenmengen aus alten herzuleiten.

Dieselben Operationen werden auch zur Definition des Datenbankschemas in der Metadatenbank verwendet. Zudem existieren Operationen für den Start und das Ende resp. das Zurücksetzen von Transaktionen, sowie Operationen für das Generieren, Eröffnen, Löschen und Schliessen einer Datenbank.

5.4 Alternative Architekturvorschläge

Wir diskutieren zwei Architekturvorschläge von Datenbanksystemen für Technik und Wissenschaft, die beide auf dem NF2-Modell basieren: das Darmstädter Datenbanksystem DASDBS [Deppisch et al. 1985] und das Advanced Information Management (AIM) Projekt aus Heidelberg [Lum et al. 1985].

Die Grobarchitektur des Darmstädter Datenbanksystems ist in Abb. 5-5 gegeben. Der *Complex Record Manager* bildet interne NF2-, Zugriffspfad-, Versionen- und Katalogrelationen auf physische Seiten ab. Die Komponente erlaubt also, gleiche Funktionen für verschiedene Typen von Relationen verwenden zu können. Ein NF2-Tupel kann mehrere Seiten belegen, wobei der strukturelle Teil des Tupels zu Beginn der ersten Seite abgelegt wird, um das Durchwandern unnötiger Seiten zu vermeiden.

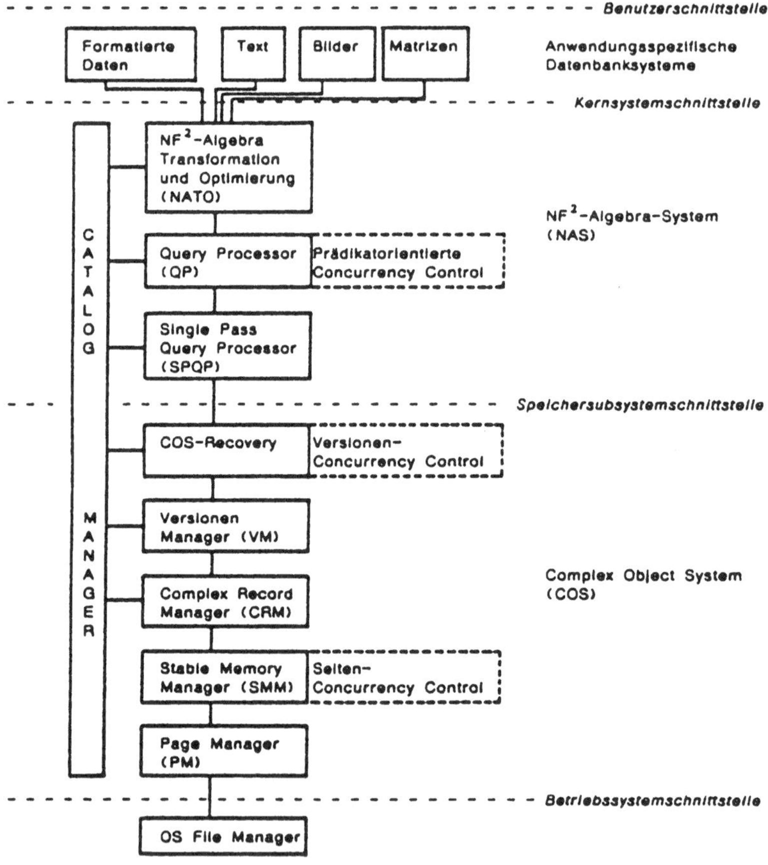

Abb. 5-5: Architektur von DASDBS.

Die Leseoperationen des Complex Record Manager verwenden konsequent geschachtelte Projektionen für die Auswahl von Attributen mit zusätzlichen Selektionsfiltern. Bei den Änderungsoperationen können einzelne Teile eines NF^2-Tupels geschachtelt geändert oder ganze Mengen von Tupeln eines NF^2-Tupels bearbeitet werden.

Der *Versionen Manager* kennt als Grundfunktion eine einzige, linear geordnete Zeit bis zur Gegenwart. Bei der Angabe eines Zeitpunktes wird der Zustand des ausgewählten Objektes gemäss einer Interpolationsvorschrift ermittelt, bei der Angabe eine Zeitintervalls werden alle gültigen Zustände des Objektes ausgegeben. Dabei werden aktuelle und alte Versionen separat gespeichert, um beim Zugriff auf aktuelle Objekte keine Zeiteinbussen hinnehmen zu müssen.

Das *NF^2-Algebra-System* erweitert den Funktionsumfang des darunterliegenden Speichersystems zur vollen NF^2-Algebra.

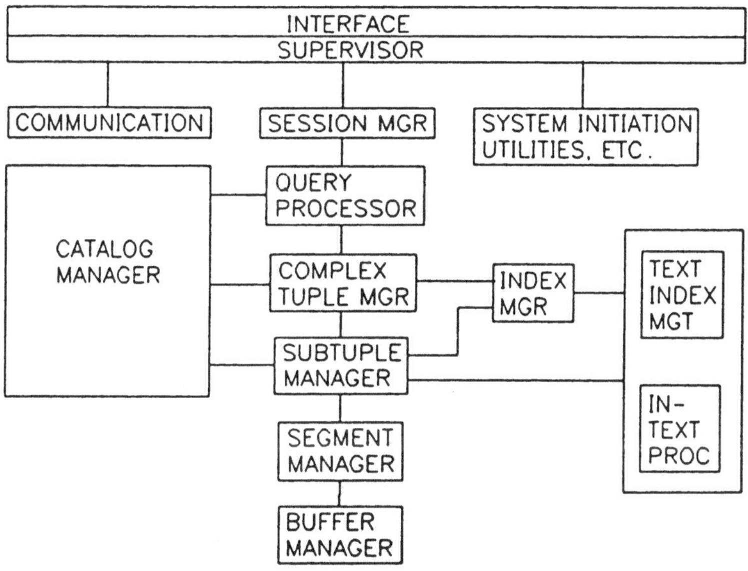

Abb. 5-6: Architektur beim AIM-Projekt.

Dem AIM-Projekt liegt die Architektur aus Abb. 5-6 zugrunde, wobei als Unterschied zum DASDBS auf den physischen Seiten flache Tupel resp. Segmente abgespeichert werden. Der Zusammenhang zwischen den auf den Seiten abgelegten Fragmenten und den vollständigen NF^2-Tupeln wird über eine Zuordnungstabelle vorgenommen [Deppisch et al. 1985]. Derselbe Abbildungsmechanismus gilt beispielsweise auch für die Verwaltung von komplexen Objekten nach [Lorie et al. 1985].

Der *Subtuple Manager* verwaltet Tupel aus flachen Tabellen, Einträge aus Wiederholungsgruppen oder Strukturinformationen. Jedes NF^2-Tupel ist somit aus Subtupeln zusammengesetzt. Neben der Verwaltung von Subtupeln werden in dieser Komponente auch historische Daten nachgeführt [Dadam et al. 1984], wobei ein spezielles Differenzverfahren für raschen Zugriff auf die aktuellen Tupel sorgt.

Der *Complex Tuple Manager* ist verantwortlich für die physische Clusterung von Subtupeln, die zu einem NF^2-Tupel gehören. Die erwähnte Umsetzungstabelle dient dabei als Zugriffspfad für die Ausprägungen einer NF^2-Relation.

Neben der Verwaltung von historischen Daten kann auch auf Texte durch spezielle Zugriffspfade via *Index Manager* zugegriffen werden; diese Indizes erlauben, mit beliebigen Zeichenkombinationen nach entsprechenden Begriffen oder Textstücken zu suchen. Dieselbe Komponente führt auch Sekundärindizes nach.

Die beiden kurz vorgestellten Projekte verfolgen die gleiche Zielsetzung wie das XRS-Projekt, nämlich die Erweiterung relationaler Datenbanksysteme für den Einsatz in Technik und Wissenschaft. Basieren DASDBS und das AIM-Projekt auf dem NF^2-Modell, so verwendet XRS konsequent das Surrogatmodell. Im Gegensatz zu den bekannten Erweiterungen von System R [Lorie et al. 1985] bezwecken die drei Projekte DASDBS, AIM und XRS die vollständige Neuentwicklung von Prototypen erweiterter relationaler Datenbanksysteme. Die jeweiligen Systemarchitekturen sind also direkt von den in Abb. 3-1 zusammengefassten Bedürfnissen abgeleitet. Das Beurteilen der drei unterschiedlichen Systemarchitekturen und das Vergleichen ihrer Leistungsfähigkeit ist noch verfrüht, da anspruchsvolle Pilotanwendungen für die teilweise in Entwicklung stehenden Prototypen erst bevorstehen.

6 Anwendung: Geometrischer Modellierer POLY

In diesem Kapitel gehen wir auf eine spezielle technische Anwendung näher ein, nämlich auf Datenhaltungsaspekte beim rechnergestützten Entwerfen von räumlichen Objekten. Dazu geben wir im Abschnitt 6.1 die Zielsetzung von POLY, einem geometrischen Modelliersystem zur Darstellung, Bearbeitung und Speicherung ebenbegrenzter Objekte. Abschnitt 6.2 chrakterisiert die Systemarchitektur im Überblick, Abschnitt 6.3 zeigt die beiden Darstellungsformen von POLY, nämlich Randdarstellung und Konstruktionsbaum sowie deren Beschreibung im Datenbanksystem XRS. Abschnitt 6.4 fasst wichtige Datenaspekte beim längerfristigen Speichern technischer Objekte zusammen.

6.1 Zielsetzung von POLY

Das Unterrichtssystem POLY ist ein geometrisches Modelliersystem und umfasst das Beschreiben, Darstellen, Speichern und Bearbeiten von ebenbegrenzten Objekten [Meier/Loacker et al. 1986]. Primitivkörper wie Quader, Zylinder, Kegel etc. lassen sich beliebig transformieren und zu komplexeren Objekten kombinieren. Jedes dieser Objekte ist als binärer Baum oder *Konstruktionsbaum* darstellbar, wobei die Blätter ebenbegrenzte Primitivkörper repräsentieren und die Knoten für Operationen mit entsprechenden Transformationen stehen. Um ein Objekt als Konstruktionsbaum über Raumprimitiven grafisch zu beschreiben, verwendet POLY die sogenannte *Randdarstellung* als zusätzliche Darstellungsform. Diese beschreibt ein ebenbegrenztes Objekt durch seine Begrenzungselemente, nämlich durch Flächen, Kanten und Ecken. Damit lässt sich jedes ebenbegrenzte Objekt in beliebiger Projektion auf dem Bildschirm darstellen.

Die Benutzerschnittstelle des Unterrichtssystems POLY ist gemäss Abb. 6-1 durch unterschiedliche Fenster charakterisiert: Das *Menüfenster* umfasst eine Befehlshierarchie zur Dialogführung, zur Definition der grafischen Darstellungsart der Objekte sowie zur Ausführung geometrischer Transformationen und Operationen. Im *Dialogfenster* werden Fehlermeldungen und Erklärungen zu den Befehlen angezeigt. Das *Vorratsfenster* repräsentiert den Objektvorrat, welcher alle in Arbeit befindlichen Objekte enthält. Diese können aus einer Datenbank stammen und später wieder zurückgeschrieben werden. Die beiden obersten Objekte des Objektvorrats (resp. Stack) heissen aktive Objekte, da sie durch Vereinigung, Durchschnitt und Differenz kombiniert werden können. Jedes aktive Objekt erscheint im *Darstellungsfenster* als Konstruktionsbaum und wird gleichzeitig in drei *Grafikfenstern* z.B. in Parallelprojektion, in Seiten- und Aufriss veranschaulicht. Das

Festlegen der Sichtparameter für die Grafikfenster und das Ausblenden von verdeckten Kanten geschehen durch entsprechende Befehle aus dem Menü.

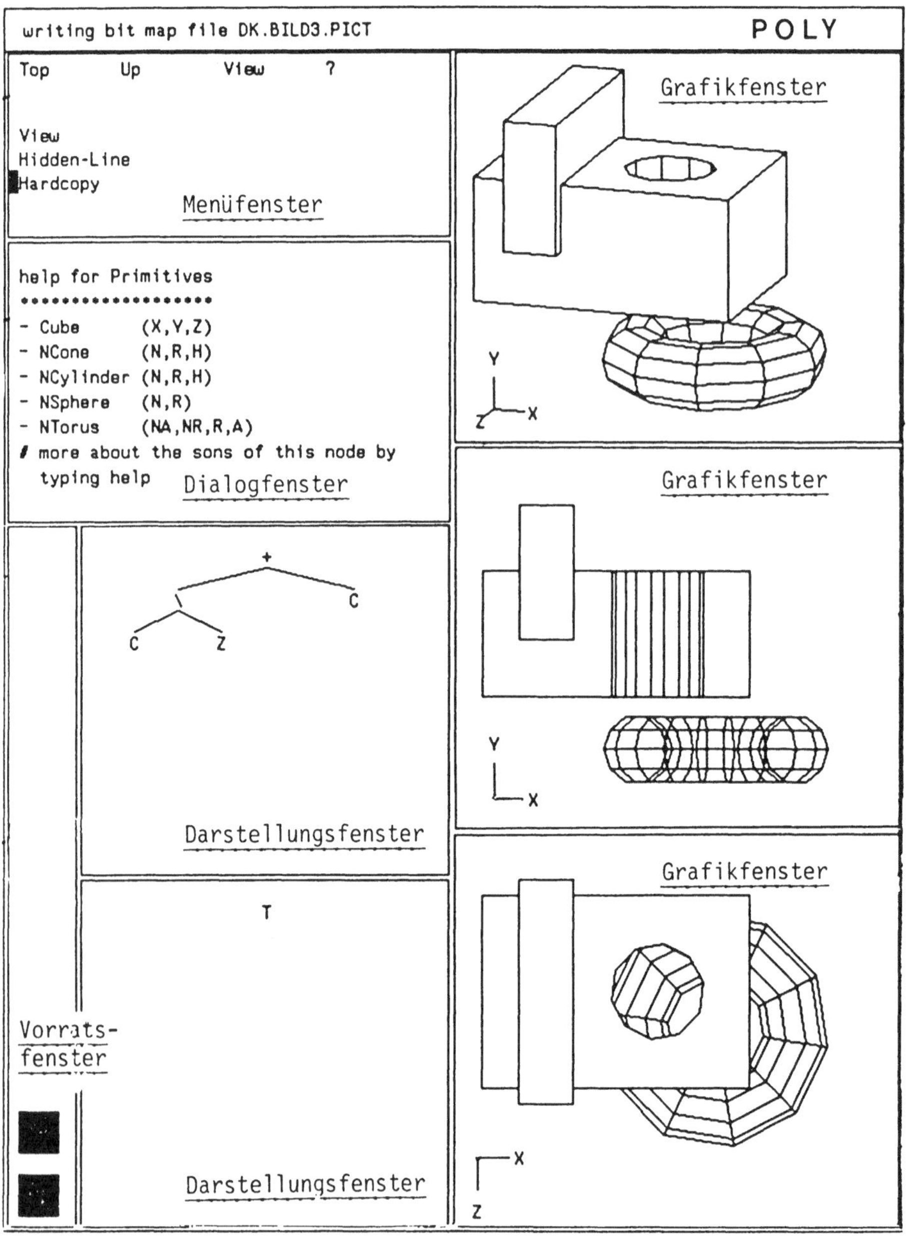

Abb. 6-1: Benutzerschnittstelle von POLY mit Menü-, Dialog-, Vorrats-, Darstellungs- und Grafikfenstern.

POLY dient einerseits als Unterrichtssystem in Computergrafik und Computergeometrie [Meier/Loacker 1987], andererseits bildet POLY ein wichtiges Experimentier- und Testfeld bei der Entwicklung des Datenbanksystems XRS. Zwar beschränkt sich POLY auf die Darstellung und Bearbeitung ebenbegrenzter Objekte, umfasst jedoch sämtliche Komponenten eines rechnergestützten Modelliersystems: Mensch-Maschine-Schnittstelle unter Einbezug von Grafik und Geometrie, grafische Algorithmen wie Abschneiden von Objekten am Fensterrand oder Eliminieren verdeckter Kanten, Schnitt von dreidimensionalen Objekten oder Berechnung von Volumeneigenschaften, Konvertierung verschiedener Darstellungsformen räumlicher Objekte sowie längerfristiges Speichern von Objekten und Konstruktionsprozessen. Insbesondere haben die mit POLY gemachten Erfahrungen der zentralen Frage gedient, welche Komponenten einer anspruchsvollen technischen Anwendung ins Datenbanksystem integriert werden müssen und welche Teile sinnvollerweise in der Verantwortung der jeweiligen Anwendung bleiben.

6.2 Systemarchitektur im Überblick

Das Unterrichtssytem POLY setzt sich gemäss Abb. 6-2 aus den drei wesentlichen Komponenten Dialogführung, Modellierkern und Objektverwaltung zusammen.

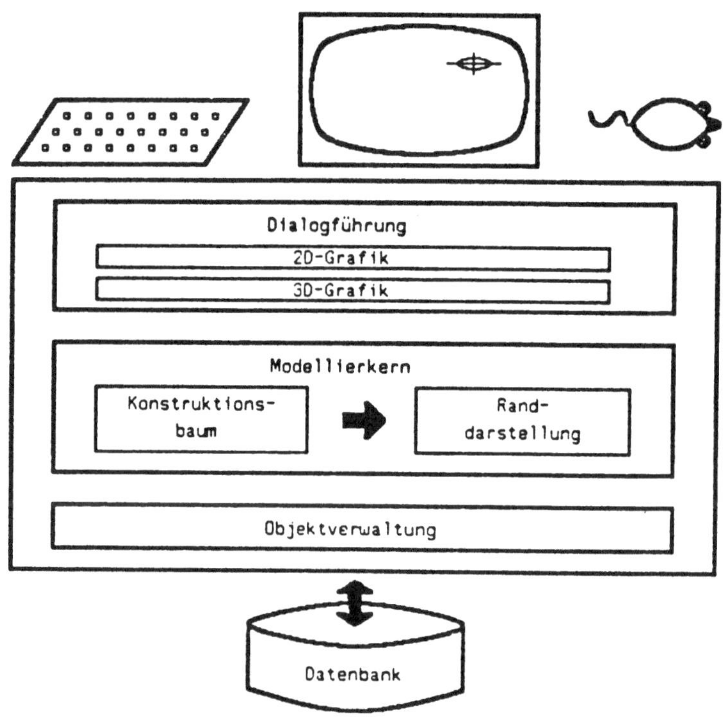

Abb. 6-2: Grobarchitektur des geometrischen Modellierers POLY.

Die *Dialogführung* stellt dem Benutzer eine Befehlshierarchie mit zugehöriger Erklärungskomponente zur Verfügung. Wesentliche Befehle betreffen das Manipulieren ebenbegrenzter Objekte sowie deren grafische Darstellung. Für die grafische Ein- und Ausgabe sind logische Geräte definiert, welche sich an den grafischen Standard GKS anlehnen [Enderle et al. 1984]. Die Komponente Dialogführung umfasst neben grafischen Elementaroperationen wie Linie zeichnen, Text schreiben, Polygon einfärben oder Grafikelemente am Fensterrand abschneiden auch Operationen zur dreidimensionalen Grafik, nämlich das Ausführen von aktuellen Transformationen, das Evaluieren verdeckter Kanten sowie das eigentliche Abbilden der Objekte auf den zweidimensionalen Bildschirm.

Der *Modellierkern* umfasst die Datenstrukturen und Algorithmen zur Definition und Manipulation der Objekte. Jedes Objekt wird als Konstruktionsbaum über Primitivkörper im Rechner gehalten. Zur Ausführung der Booleschen Operationen Vereinigung,

Durchschnitt und Differenz wird der Konstruktionsbaum in die zugehörige Randdarstellung konvertiert. Der Modellierkern übergibt die beiden Datenstrukturen an die Dialogführung zur Darstellung des Konstruktionsbaumes über Primitiven im Darstellungsfenster und zum Zeichnen der Objekte in Randdarstellung in den Grafikfenstern.

Die *Objektverwaltung* erlaubt, Konstruktionsschritte oder Konstruktionsfolgen sowie zugehörige Objekte in eine Datenbank abzulegen oder bereits erstellte Konstruktionen einzulesen. Dabei werden auf Wunsch des Benutzers die fertigerstellten Objekte in Randdarstellung oder als Konstruktionsbaum über Primitiven auf K-, H- oder M-Relationen abgebildet und in einer Datenbank unter einem bestimmten Namen abgespeichert. Verlangt umgekehrt ein Benutzer ein Objekt aus seiner Datenbank, so werden die entsprechenden Datenstrukturen aufgebaut, lokale effizienzsteigernde Zusatzinformationen erzeugt und die Objekte im Objektvorrat zur Verfügung gestellt.

6.3 Randdarstellung

6.3.1 Trennung topologischer und metrischer Information

Zur Speicherung oder Verarbeitung eines Objektes in Randdarstellung verwendet POLY eine Datenstruktur, bei welcher topologische und metrische Angaben getrennt verwaltet werden. Beispielsweise könnte man jede Begrenzungsfläche für sich alleine mit den zugehörigen Eckpunktkoordinaten abspeichern. Die Koordinaten wären dann redundant vorhanden, bei der kleinsten Änderung z.B. aufgrund einer Transformation müssten sämtliche Flächen durchlaufen und nachgeführt werden.

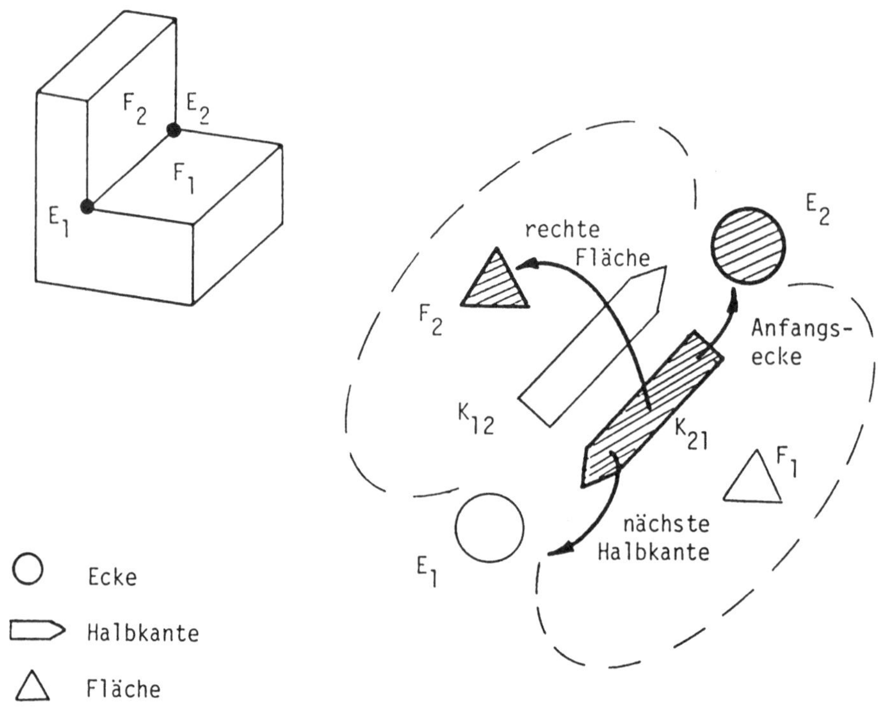

Abb. 6-3: Datenstruktur für Flächen, Halbkanten und Ecken.

Die Randdarstellung zum Beschreiben ebenbegrenzter Objekte verlangt mindestens vier Datentypen: Objekte, Flächen, Kanten und Ecken. Anstelle der Kanten verwendet POLY für die speicherresidente Datenstruktur orientierte Halbkanten gemäss Abb. 6-3, welche mit ihrer linken Fläche assoziiert werden (von Aussen gesehen) [Meier/Loacker 1987]. Zusätzlich zeigt jede Halbkante auf ihre Anfangsecke und ihre rechte Fläche. Zur Darstellung von nicht einfachzusammenhängenden Flächen dienen Halbkanten mit der Markierung "unsichtbar". Daneben sind für verschiedene Zwecke zusätzliche Datenfelder in den einzelnen Datentypen mitgeführt, beispielsweise eine Identifikationsnummer für Objekte oder eine Flächennormale pro Fläche etc. Der Vektor der Flächennormalen ist natürlich redundant, aber effizienzsteigernd. Er hilft beispielsweise bei der Evaluation der verdeckten Kanten, muss aber bei jeder Änderung der Koordinaten konsistent nachgeführt werden.

Zur Beschreibung der Flächen, Halbkanten und Ecken existieren drei zyklische Listen. Die Liste der Flächen enthält alle Flächen eines Objektes in beliebiger Reihenfolge. Jede Fläche besitzt eine Halbkantenliste, wobei jede Halbkante auf ihre Anfangsecke zeigt; die zweite Ecke ist implizite als Anfangsecke der nächsten Halbkante gegeben. Schliesslich verweist jede Halbkante auf ihre rechte Fläche. Die dritte Liste enthält die Koordinaten der Ecken, wobei die Reihenfolge ebenfalls beliebig ist.

Die Trennung von metrischer und topologischer Information ist vorteilhaft bei der Überprüfung der Integrität, d.h. der Widerspruchsfreiheit der Daten. Bei POLY gelten die folgenden geometrischen Integritätsbedingungen:

- Die Punktkoordinaten repräsentieren eindeutig (bis auf eine ε-Umgebung) Punkte des Euklidischen Raumes.
- Die Kanten resp. Halbkanten sind entweder disjunkt oder sie schneiden sich in gemeinsamen Ecken.
- Die Flächen sind entweder disjunkt oder sie schneiden sich in gemeinsamen Halbkanten oder Ecken.

Es existieren auch topologische Beziehungen zwischen Flächen, Halbkanten und Ecken:

- Jede Fläche besitzt mehrere Halbkanten.
- Jede Halbkante gehört zu genau zwei Nachbarflächen.
- Jede Halbkante ist durch genau zwei Ecken definiert.
- Jede Ecke gehört zu mindestens vier Halbkanten.

Die Überprüfung der geometrischen und topologischen Konsistenzbedingungen wird von POLY während des Konstruktionsprozesses vorgenommen. Speichert man die Objekte in einer Datenbank, so müssen natürlich dieselben Konsistenzregeln garantiert bleiben.

6.3.2 Datenbankschema für Flächen, Ringe, Kanten und Ecken

Dem Datenbankschema für die Randdarstellung kommt eine grosse Bedeutung zu, weil damit bereits wichtige Konsistenzbedingungen mitberücksichtigt werden können. Zudem sollten die von POLY erzeugten Objekte *anwendungsneutral* in der Datenbank abgespeichert werden, d.h. soweit als möglich von der POLY-spezifischen Halbkantendarstellung unabhängig. Dieser Datenbankgrundsatz zahlt sich insbesondere dann aus, wenn andere Datenbankanwendungen wie Simulationen, Berechnungen nach Finiten Elementen oder statistische Auswertungen ins Auge gefasst werden. Deshalb verzichten wir beim Datenbankschema auf redundante Felder wie Normalenvektoren, auf unsichtbare Halbkanten, auf spezifische Ordnungsrelationen oder auf komplizierte Strukturen mit unübersichtlichen Referenzen.

POLY verwendet für das längerfristige Speichern von Objekten in Randdarstellung eine H-Relation für die topologische Strukturbeschreibung sowie eine M-Relation für die Punktkoordinaten. Die H-Relation enthält als Wurzelrelation eine Tabelle OBJEKT mit den Attributen O#, Bezeichnung und Autor resp. Name des Konstrukteurs. Die Wurzelrelation umfasst die drei abhängigen Relationen FLÄCHE, KANTE und ECKE. Diese enthalten je ein Surrogat für Flächen-, Kanten- bzw. Eckennummern sowie die Objektnummer als H-Referenz. Da die Begrenzungsflächen eines ebenbegrenzten Objektes mehrfach-zusammenhängend sein können, verweist die Flächenrelation auf eine abhängige Relation RING. In dieser Relation bekommt jede mehrfachzusammenhängende Fläche zusätzlich soviele Einträge, wie sie Löcher aufweist. Ein Ring setzt sich also aus gerichteten Kanten zusammen und entspricht teilweise der oben diskutierten Liste von Halbkanten. Somit enthält die Relation KANTE als Beziehungsrelation auch Referenzen in die Relation RING (mit den Attributen Linker-Ring resp. Rechter-Ring) sowie in die Relation ECKE (mit den Attributen Anfangs-Ecke resp. End-Ecke).

```
RELATION OBJEKT
 ATTRIBUTE
     O#:            SURROGATE
     Bezeichnung:   String20
     Autor:         String10
END OBJEKT

RELATION FLÄCHE
 ATTRIBUTE
     F#:            SURROGATE
     Obj#:          PART-OF(OBJEKT)
END FLÄCHE
```

```
RELATION RING
 ATTRIBUTE
    R#:              SURROGATE
    Flächen#:        PART-OF(FLÄCHE)
END RING

RELATION KANTE
 ATTRIBUTE
    K#:              SURROGATE
    Obj#:            PART-OF(OBJEKT)
    Linker-Ring:     REFERENCE (RING)
    Rechter-Ring:    REFERENCE (RING)
    Anfangs-Ecke:    REFERENCE (ECKE)
    End-Ecke:        REFERENCE (ECKE)
END KANTE

RELATION ECKE
 ATTRIBUTE
    E#:              SURROGATE
    Obj#:            PART-OF(OBJEKT)
END ECKE
```

Zur Speicherung der Punktkoordinaten trägt die M-Relation KOORDINATE neben dem Surrogat einen Verweis zur zugehörigen Ecke sowie einen mehrdimensionalen Schlüssel gebildet aus den X-, Y- und Z-Koordinaten:

```
RELATION KOORDINATE
 ATTRIBUTE
    K#:              SURROGATE
    Nummer:          REFERENCE (ECKE)
    X:               REAL
    Y:               REAL
    Z:               REAL
 M-KEY
    (X,Y,Z)
END KOORDINATE
```

Die Aufteilung des Datenbankschemas in eine H-Relation und eine M-Relation macht sich für verschiedene Anwendungen bezahlt. Ist man z.B. an einer Variantenkonstruktion interessiert, bei welcher für ein und dieselbe Form verschiedene Varianten abgespeichert werden sollen, so kann die Struktureigenschaft in der H-Relation einmal und die unterschiedlichen Ausprägungen als Versionen in der M-Relation mehrfach abgelegt werden [Meier 1986b]. Die Eigenschaften der M-Relation nutzt man z.B. aus, wenn für verschiedene Objekte im Raum eine Kollisionsprüfung auf effiziente Art mit Hilfe einer mehrdimensionalen Datenstruktur durchgeführt werden muss.

Nicht von ungefähr ist das obige Datenbankschema mit der Beschreibung eines Parzellenplans verwandt (vergl. Abschnitt 2.1), denn topologisch entsprechen beide Beispiele einem Graphen. Da hingegen beim rechnergestützten Konstruieren die Beschränkung auf konvexe Polyeder unzulässig ist, erlaubt POLY mehrfachzusammenhängende Flächen; im Datenbankschema werden diese durch die Tabelle RING ausgedrückt.

6.4 Konstruktionsbaum

6.4.1 Grammatik für Boolesche Ausdrücke über Primitiven

Der Benutzer von POLY konstruiert ein ebenbegrenztes Objekt durch eine mengentheoretische Kombination von Primitiven. Als Primitiven sind Quader, ebenbegrenzte Kegel, Zylinder, Kugeln und Tori zugelassen. Diese können beliebig transformiert (Tranlsation, Rotation oder Skalierung) und durch die Mengenoperationen Vereinigung, Durchschnitt und Differenz kombiniert werden. Die Darstellungsform ist somit durch die folgende Grammatik definiert:

<Objekt> ::=<Primitive> |
<Objekt> <Transformation> ARGUMENT |
<Objekt> <Operation> <Objekt>.

<Primitive> ::=QUADER | KEGEL | ZYLINDER | SPHAERE | TORUS.

<Transformation> ::=TRANSLATION | ROTATION | SKALIERUNG.

<Operation> ::=VEREINIGUNG | DURCHSCHNITT | DIFFERENZ.

Ein ebenbegrenztes Objekt als Konstruktionsbaum über Primitiven lässt sich im Objektvorrat von POLY als binärer Baum abspeichern (vergleiche Abb. 6-4). Die Blätter entsprechen den Primitivkörpern Quader, Kegel, Zylinder, Kugel und Torus. Die Knoten stehen für die Booleschen Operationen Vereinigung, Durchschnitt und Differenz des linken Teilbaumes mit dem rechten Teilbaum. Zusätzlich können die Knoten den Typ einer Transformation festhalten, die Blätter verweisen dann auf die zugehörige Transformationsmatrix für Translation, Rotation und Skalierung. Bei der Darstellung des Konstruktionsbaumes im Darstellungsfenster verzichtet POLY auf die explizite Angabe der Transformationsparameter (vergl. Abb. 6-1). Diese sind pro Teilbaum in Matrixform für den Benutzer unsichtbar abgelegt und dienen insbesondere auch dem Zurücksetzen von einzelnen, schon ausgeführten Transformationsschritten.

Prinzipiell hat der Anwender von POLY die Möglichkeit, die Transformationen für die Translation, Rotation und Skalierung in beliebiger Reihenfolge anzuwenden. Da das Zusammensetzen solcher Transformationen nicht kommutativ ist, legt das System intern die Reihenfolge der einzelnen Transformationsschritte fest. Es gilt die folgende Reihenfolge für die Matrizen der Translation T, der Rotationen R_x, R_y und R_z um x-, y- und z-Achse sowie der Skalierung S:

$$\text{Transformationsmatrix} = S * R_z * R_y * R_x * T\,.$$

Die zusammengesetzte Transformationsmatrix ist von den drei Verschiebungsgrössen, den drei Rotationswinkeln und den drei Parametern der Skalierung abhängig.

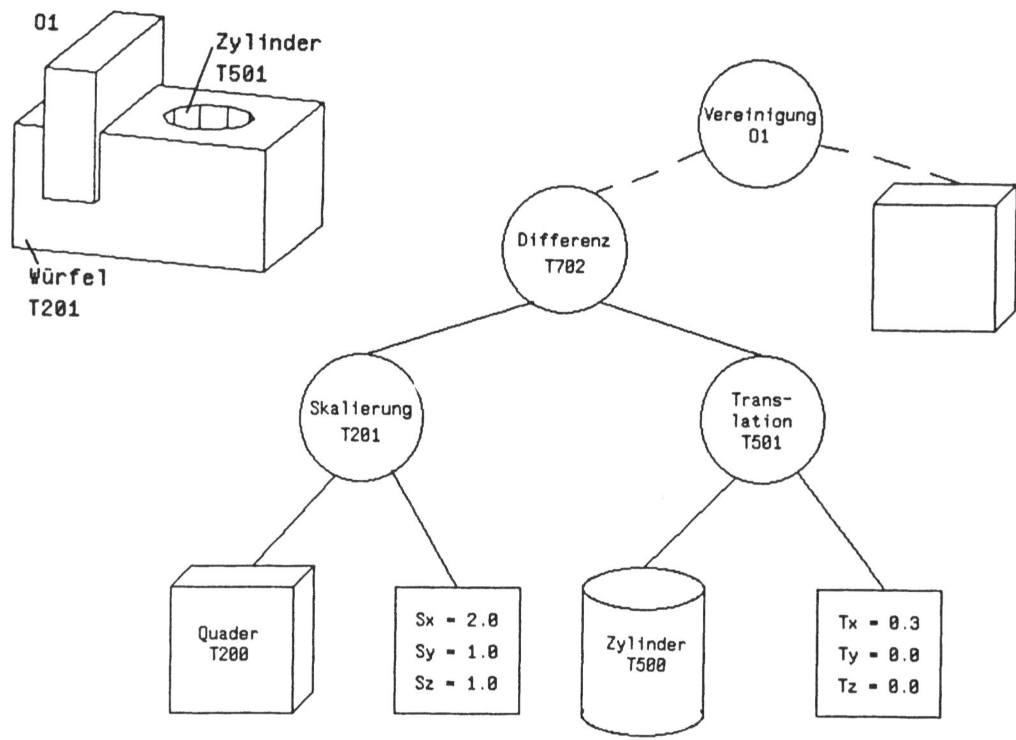

Abb. 6-4: Datenstruktur für Konstruktionsbaum über Primitiven.

Die Datenstruktur zur Beschreibung eines Konstruktionsbaumes lässt sich in POLY eindeutig in die zugehörige Datenstruktur zur Randdarstellung konvertieren [Meier/Loacker 1987]. Beim Konvertierungsalgorithmus wird der Konstruktionsbaum rekursiv durchwandert, um die Randdarstellung zu erhalten. Falls ein Blatt besucht wird, erzeugt POLY die Randdarstellung der zugehörigen Primitiven aufgrund der gegebenen Parameter. Entspricht der aktuellen Wurzel ein Knoten, so wir rekursiv die Randdarstellung des linken wie des rechten Teilbaumes erzeugt und anschliessend ein Schnittalgorithmus zur Berechnung der Mengenoperationen angewendet. Der Konvertierungsalgorithmus ist als Baumtraversierung allgemein verwendbar und kann beispielsweise zum Erzeugen von Teilobjekten, zum Entdecken von Redundanz oder zum Berechnen von Volumeneigenschaften ausgenutzt werden.

Im allgemeinen ist die Konvertierung zwischen verschiedenen Darstellungsformen nicht eindeutig. Zum Beispiel lässt sich zu einem beliebigen ebenbegrenzten Objekt in Randdarstellung nicht ohne weiteres ein eindeutiger Konstruktionsbaum finden. Insbesondere kann der Konstruktionsprozess nicht rekonstruiert werden, falls die Konstruktionsgeschichte unbekannt bleibt. Aus diesem Grund kann bei POLY jedes Objekt als Konstruktionsbaum über Primitiven in einer Datenbank abgespeichert werden.

6.4.2 Datenbankschema für Bäume, Teilbäume und Primitiven

Für die längerfristige Speicherung von Konstruktionsbäumen verwendet POLY ebenfalls ein anwendungsneutrales Datenbankschema. Es ist ähnlich zu den im Abschnitt 2.3 diskutierten Relationen, wobei jetzt die Konzepte von XRS zum Tragen kommen.

Das Datenbankschema für die Beschreibung eines Konstruktionsbaumes über Primitiven besteht aus einer H-Relation, welche zwei Generalisierungshierarchien miteinbezieht. Die erste ergibt sich aus der Tatsache, dass jedes Teilobjekt entweder einem primitiven, transformierten oder kombinierten Teil entspricht. Die zweite Generalisierungshierarchie beschreibt die Primitiven als Quader, Zylinder, Kegel, Kugeln oder Tori:

```
RELATION BAUM
 ATTRIBUTE
    B#:              SURROGATE
    Beschreibung:    String20
    Autor:           String10
END BAUM

RELATION TEILBAUM
 ATTRIBUTE
    T#:              SURROGATE
    Baum#:           PART-OF(BAUM)
END TEILBAUM

RELATION PRIMITIVES-TEIL
 ATTRIBUTE
    P#:              SURROGATE
    Teil#:           IS-A(TEILBAUM)
END PRIMITIVES-TEIL
```

```
RELATION QUADER
 ATTRIBUTE
     Q#:             SURROGATE
     Prim#:          IS-A(PRIMITIVES-TEIL)
     X-Länge:        Real
     Y-Breite:       Real
     Z-Höhe:         Real
END QUADER

RELATION ZYLINDER
     Z#:             SURROGATE
     Prim#:          IS-A(PRIMITIVES-TEIL)
     Radius:         Real
     Höhe:           Real
     Approximation:  Integer
END

RELATION KEGEL
...

RELATION TRANSFORMIERTES-TEIL
 ATTRIBUTE
     S#:             SURROGATE
     Teil#:          IS-A(TEILBAUM)
     Transformation: Tensor (Stufe=2, Dimension=3)
     Typ:            (Translation, Rotation, Skalierung)
END TRANSFORMIERTES-TEIL

RELATION KOMBINIERTES-TEIL
 ATTRIBUTE
     K#:             SURROGATE
     Teil#:          IS-A(TEILBAUM)
     Linke-Teil#:    REFERENCE (TEILBAUM)
     Rechte-Teil#:   REFERENCE (TEILBAUM)
     Operation:      (Vereinigung, Durchschnitt, Differenz)
END KOMBINIERTES-TEIL
```

In der Relation TRANSFORMIERTES-TEIL verwenden wir ein Attribut vom Typ Tensor mit Stufe zwei und Dimension drei, welcher zur Speicherung der Transformationsmatrix dient.

6.5 Aspekte der Datenhaltung

Die Implementierungsarbeiten von XRS bezwecken, einen anwendungsunabhängigen Datenbankkern verschiedenen Ingenieuranwendungen bereitstellen zu können (vergl. Abb. 6-5). Dies hat den Vorteil, mehrere technische Anwendungen in einem System zu integrieren und bei Bedarf anwendungsabhängige Konzepte in höheren Schichten zu realisieren [Mitschang 1984]. Aus diesen Gründen wird auch für DASDBS und im AIM-Projekt eine ähnliche Philosophie verfolgt (vergl. Abschnitt 5.4).

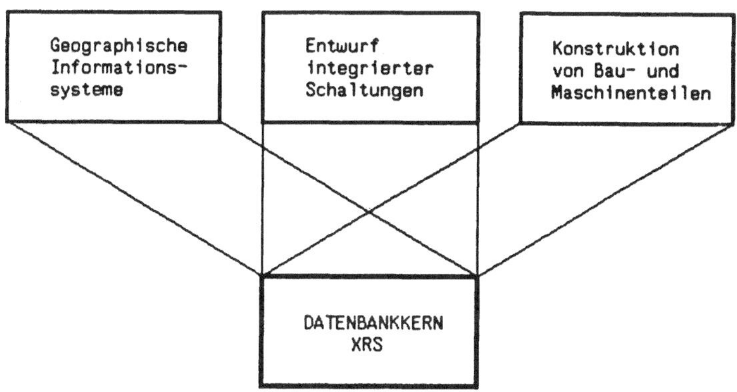

Abb. 6-5: Integrierte Datenhaltung durch Datenbankkernarchitektur.

Das Aufsetzen des geometrischen Modellierers POLY auf den Datenbankkern von XRS hat bestätigt, dass grundlegende Speicher- und Zugriffsverfahren für strukturierte und raumbezogene Objekte resp. für Versionen den Anforderungen einer anspruchsvollen technischen Anwendung genügen. Beispielsweise steht nicht zur Diskussion, im Datenbankkern von XRS die spezifischen Schnitt- oder Konvertierungsalgorithmen von POLY voll zu integrieren. Erstens existieren eine Vielzahl von Datenstrukturen und Algorithmen für grafische und geometrische Fragen (vergl. z.B. [Meier 1986]), die je nach Problemklasse effiziente Lösungen anbieten. Der Einbezug dieser teils ausgeklügelten Datenstrukturen und algorithmischen Techniken würde den Entwicklungsaufwand für einen Datenbankkern sprengen, abgesehen von der heiklen Frage, welches Verfahren für welche Problemklasse am geeignetsten zu wählen wäre. Zweitens schränkt eine zu starke Ausrichtung eines Datenbanksystems auf eine bestimmte Anwendung die Flexibilität und künftige Entwicklungsmöglichkeit ein. Schliesslich ist der Tatsache Rechnung zu tragen, dass Datenbanken auch im technischen Anwendungsbereich längerfristigen Bedürfnissen genügen müssen, insbesondere Transparenz und Konsistenz garantieren sollten.

7 Schlussfolgerungen

Die Anfangskapitel geben eine kurze Einführung in wichtige Datenbankgrundsätze und illustrieren drei technische Anwendungsgebiete mit Beispielen. In einem weiteren Kapitel folgen daraus neue Anforderungen an technische Datenbanksysteme. Das Hauptkapitel erfüllt mit Hilfe von Erweiterungen des Relationenmodells die Konzepte von XRS. Ein Kapitel über Implementierungsaspekte beschreibt den Datenbankkern von XRS, wobei der geometrische Modellierer POLY in einem weiteren Kapitel ein anspruchsvolles Test- und Experimentierfeld eröffnet. Aus den erläuterten Konzepten und gemachten Erfahrungen ziehen wir folgende Erkenntnisse:

Das *Surrogatmodell* besticht durch seine Einfachheit und Mächtigkeit beim Erweitern des klassischen Relationenbegriffs: Anstelle von benutzerdefinierten Attributen können Beziehungen über systemkontrollierte Attribute definiert werden. Damit werden die semantischen Schwierigkeiten bei benutzerdefinierten Identifikationssytemen beseitigt und gleichzeitig Speicher- und Zugriffskonzepte möglich, welche physische Clusterung unterstützen und sowohl strukturierte Objekte wie Versionen effizient verwalten. Bei raumbezogenen Objekten ermöglichen Surrogatwerte, neben objekteigenen Struktureigenschaften auch Beziehungen zu anderen Objekten zu erfassen. Das Surrogatmodell integriert somit *punktbezogene und raumbezogene* Dateiorganisationen. Punktbezogene Dateiorganisationsformen wie B*-Bäume haben sich bei herkömmlichen Datenbanksystemen für administrative Anwendungen bestens bewährt, raumbezogene wie z.B. die Gitterdatei sind aus Effizienzgründen bei Bereich- und Nachbarschaftsfragen in vielen technischen Anwendungen kaum mehr wegzudenken.

Untersuchungen deskriptiver Abfrage- und Manipulationssprachen haben bestätigt, dass das Relationenmodell bei geeigneter *Gestaltung der Benutzerschnittstelle* auch dem angelernten oder gelegentlichen Benutzer eine Chance gibt, seine Daten zu definieren, abzufragen oder sogar zu manipulieren. Dies gilt sicher auch für den Ingenieur als Anwender einer technischen Datenbank. Hinzu kommt, dass sich die Relationenalgebra resp. das Prädikatenkalkül im Rahmen unserer Erweiterungen von einzelnen Relationen resp. Mengen von Tupeln auf Mengen von Relationen resp. strukturierte Mengen von Tupeln und damit auf *molekulare Objekte und Operationen* übertragen lässt. Dabei kommt dem Gestalten einer geeigneten Mensch-Maschine-Schnittstelle im technischen Anwendungsbereich grosse Bedeutung zu, müssen doch neben formatierten Datenbeständen auch Texte, Grafiken, Pläne, Bilder, Messreihen, statistische Angaben etc. in ein und derselben Datenbankschnittstelle integriert werden.

Die *Gewährung von Konsistenzregeln* bildet bei technischen Datenbanken aufgrund geometrischer und topologischer Beziehungen einen weiteren Schwerpunkt laufender und künftiger Forschungsarbeiten. Denken wir nur an die gesetzlich festgelegten Bestimmungen beim Aufbau von Grund- oder Mehrzweckkatastern, an das Überprüfen der logischen oder geometrischen Anordnung einer integrierten Schaltung oder an das Gewähren von Toleranzen, Passungen, Gestaltabweichungen oder Festigkeit bei Werkzeug- und Maschinenteilen. Es kann nicht Aufgabe des Datenbanksystems sein, diese aufwendigen Prüf- und Berechnungsroutinen für sämtliche technischen Anwendungen zu integrieren; andererseits erheben Datenbanksysteme den Anspruch, Widerspruchsfreiheit und Korrektheit der Daten jederzeit (oder wenigstens zu genau bekannten Zeitpunkten) zu gewähren. Im Moment propagieren wir den pragmatischen Ansatz, die Verantwortung für aufwendige und anwendungsspezifische Konsistenzüberprüfungen weiterhin beim Benutzer oder im Anwendungsprogramm zu belassen. Dies gilt auch beim *Einsatz von regelbasierten Systemen*, welche sich bei technischen Anwendungen mit grossen Datenbeständen aus Effizienzgründen noch nicht bewährt haben. Daraus leitet sich ein weiteres Forschungsfeld ab, nämlich die Untersuchung von regelbasierten Systemen für technische Datenbanken.

Die erläuterten Schlussfolgerungen bestätigen den allgemeinen Trend bei der Entwicklung neuer Werkzeuge für Technik und Wissenschaft, dass sich Methoden aus den Fachgebieten wie Programmiersprachen, Datenbanken und regelbasierte Systeme künftig vermehrt ergänzen werden.

Anhang

Im Anhang A beschreiben wir die Prozeduren der XDS-Schnittstelle mit den zugehörigen Parametern. Der Anhang B enthält die Definitionsmodule des Datenbankkerns mit einer kurzen Charakterisierung.

Syntax und Semantik der XDS-Schnittstelle

```
PROCEDURE Retrieve (VAR relName: NameType;
                    key         : RKey;
                    level       : AccessLevel;
                    mode        : NavigationMode;
                    VAR tup     : Tuple;
                    VAR sur     : Surrogate;
                    VAR inf     : ReturnInfo);
```

Die Prozedur `Retrieve` liest Datensätze einer bestimmten Relation aus der Datenbank, aufgrund eines eventuell nur zum Teil spezifizierten Schlüssels und einer zu wählenden Zugriffsebene.

Der Zugriff auf Datensätze auf den Zugriffsebenen (`level`) Versionenmenge, Version, H-Tupel und H-Relation erfolgt stets über das Surrogat; die Zugriffsebene Schlüssel bietet die Selektion von Datensätzen über verschiedene Schlüsseltypen an, deren Werte nur zum Teil spezifiziert sein müssen.

Neben der Zugriffsebene kann die Art des Navigierens auf den Datensätzen gewählt werden (`mode`). Das Navigieren erfolgt stets bezüglich eines Referenzpunktes, z.B. wird ein Surrogatwert akzeptiert.

Der Referenzpunkt und der mögliche Schlüsseltyp werden im Parameter `key` spezifiziert. Zur Verfügung stehen drei Schlüsseltypen: Surrogat, mehrdimensionaler Schlüssel und Benutzerschlüssel. Das Surrogat verkörpert den Identifikationsschlüssel, ist also eindeutig und zu jedem Datensatz vorhanden. Ein mehrdimensionaler Schlüssel kann nur zur Selektion von Datensätzen einer M-Relation benutzt werden. Im Gegensatz zum Surrogat und mehrdimensionalen Schlüssel sind mehrere Benutzerschlüssel zu einer Relation möglich.

Für den klassisch-relationalen Zugriff wählt man die Zugriffsebene Schlüssel mit Schlüsseltyp Surrogat und spezifiziert beim Schlüsselwert nur den Surrogatteil Relationennummer. Das Resultat dieser Abfrage ist eine Menge von Datensätzen einer Relation, auf der navigiert werden kann. Insbesondere kann sie sequentiell nach einer systeminternen Reihenfolge durchlaufen werden.

Die Prozedur `Retrieve` liefert den Datensatz `tup` und den Surrogatwert `sur` des Tupels (als Kopie des entsprechenden Attributwerts), welcher als Referenzpunkt für eventuell nachfolgendes Navigieren dienen kann. Eine Rückmeldung `inf` teilt dem Anwender resp. aufrufenden Programm nicht nur mit, ob die Operation erfolgreich durchgeführt werden konnte, sondern bietet auch Zusatzinformationen für das Navigieren an. Da auf den Zugriffsebenen H-Tupel und H-Relationen ein Wechsel der Relation möglich ist, wird in `relName` der Name der Relation ausgegeben, zu der das Tupel gehört.

```
PROCEDURE GeometricSearch (key     : GKey;
                           mode    : NavigationMode;
                           VAR tup : TupPair;
                           VAR sur : SurPair;
                           VAR inf : ReturnInfo);
```

Die Prozedur `GeometricSearch` dient analog zu `Retrieve` dem Lesen von Datensätzen aus der Datenbank; sie ist auf M-Relationen beschränkt. Im Gegensatz zu `Retrieve` kann die Abfrage eine Resultatsmenge von Datensatz*paaren* mit je einem Datensatz aus zwei verschiedenen Relationen ergeben. Zudem bezieht sich `GeometricSearch` stets auf den Zugriff über einen mehrdimensionalen Schlüssel. `GeometricSearch` dient hauptsächlich der Beantwortung von Punkt-, Teilpunkt-, Bereich- und Teilbereichfragen, die sich auch auf zwei Relationen ausdehnen lassen.

Bei erfolgreichem Suchvorgang liefert `GeometricSearch` eine Resultatsmenge aus der Datenbank. Auf welches Element der Resultatsmenge als erstes resp. nächstes zugegriffen werden soll, kann durch Angabe des Bewegungsmodus `mode` festgelegt werden.

Abfragen mit GeometricSearch lassen sich in zwei Gruppen einteilen: das Lesen von Datensätzen aus einer Relation oder das Extrahieren von Datensatzpaaren aus zwei Relationen, die zueinander in einer bestimmten Beziehung (wie Inklusion oder Schnitt) stehen. Die Art der Abfrage, die Namen der betroffenen Relationen, der Referenzpunkt für das Navigieren innerhalb der Resultatsmenge sowie die Spezifikation der Schlüsselwerte geschehen im Parameter key. Bei der Bereichfrage können die zu selektierenden Datensätze in einer Prozedur beschrieben werden, was diesem Abfragetyp wesentlich mehr Flexibilität verleiht als bei einer Abfrage mit Hilfe der Operation Retrieve. Beim Suchen von Datensatzpaaren aus zwei Relationen muss neben den beiden Suchregionen die geometrische Beziehung in einer Prozedur formuliert werden.

Die Prozedur GeometricSearch liefert je nach Abfragetyp einen Datensatz mit zugehörigem Surrogat bzw. Paare von Datensätzen tup mit zugehörigen Surrogaten sur. Ebenfalls zurückgeliefert wird die Rückmeldung inf.

```
PROCEDURE Insert (relName : NameType;
                  hRef    : HReference;
                  tup     : Tuple;
                  level   : MutationLevel;
                  VAR sur : Surrogate;
                  VAR inf : ReturnInfo);
```

Insert fügt einen Datensatz in eine Relation der Datenbank ein. Damit können neue Versionen oder Versionenmengen gebildet und abhängige Tupel in H-Tupel eingefügt werden. Mit Einfügungen in die Relationen des Metadatenbankschemas wird das Datenbankschema definiert.

Die bezeichnete Relation relName und die gewählte Mutationsebene level stehen in enger Beziehung zueinander: Bei K-, H- oder M-Relationen dienen die beiden Mutationsebenen Versionenmenge bzw. Version der Bildung einer neuen Versionenmenge *und* ersten Version mit dem angegebenen Tupel bzw. einer neuen Version innerhalb einer bereits bestehenden Versionenmenge. Abhängige Tupel können durch die entsprechende Mutationsebene in abhängige Relationen eingefügt werden. Soll das Datenbankschema erweitert werden, wird eine Relation des Metadatenbankschemas spezifiziert. Die semantische Korrektheit der Schemaerweiterung wird dabei gewährleistet.

Die Referenz zum übergeordneten Tupel hRef kommt nur bei abhängigen Relationen zum Tragen, nämlich beim Einfügen eines Datensatzes in eine abhängige Relation. Die hierarchische Referenz ist der vollständig spezifizierte Surrogatwert des übergeordneten Tupels.

Zum Zeitpunkt des Einfügens ist der Surrogatwert des Datensatzes tup dem Benutzer noch nicht bekannt, da der Identifikationsschlüssel vom System vergeben wird. Das entprechende Feld im Tupel kann deshalb unspezifiziert übergeben werden. Insert wird nach erfolgreich abgeschlossener Operation den zugeteilten Surrogatwert nicht nur im Parameter sur zurückgeben, sondern ihn auch an der entsprechenden Stelle im Datensatz einsetzen.

Die Prozedur Insert informiert den Benutzer über die durchgeführte Manipulation durch Rückgabe eines Parameters inf. Falls die Manipulation nicht ausgeführt werden konnte, kann die genaue Fehlermeldung mittels der speziellen Operation CheckDB erfahren werden.

```
PROCEDURE Copy (relName    : NameType;
                sur        : Surrogate;
                level      : MutationLevel;
                VAR newSur : Surrogate;
                VAR inf    : ReturnInfo);
```

Die Prozedur Copy dient dem Duplizieren einzelner Datensätze oder Mengen von Datensätzen, wobei bei H-Relationen alle hierarchisch abhängigen Datensätze dupliziert werden. Die Kopieroperation ist auf jeder Mutationsebene anwendbar, insbesondere auch auf abhängigen Tupeln und auf der Metadatenbank. Copy dient hauptsächlich der Versionenverwaltung, d.h. dem Anlegen von Versionen eines Objektes (Duplizieren des Objektes), z.B. um den Stand einer Arbeit festzuhalten, bevor daran weitergearbeitet wird.

Mit der Mutationsebene `level` wird spezifiziert, ob eine ganze Versionenmenge, eine Version, ein abhängiges oder ein einzelnes Tupel dupliziert werden soll. Duplizieren auf der Metadatenbank ist ebenfalls erlaubt, sofern die semantische Korrektheit damit nicht verletzt wird; z.B. lassen sich ganze Relationen kopieren.

Das zu duplizierende und in `sur` bezeichnete Tupel muss der Relation mit dem Namen `relName` angehören. Die mit `Copy` duplizierten Datensätze erhalten automatisch neue Surrogatwerte zugeteilt, wobei H-Referenzen konsistent gehalten werden. Der Surrogatwert des mit `sur` bezeichneten und nun duplizierten Datensatzes wird in `newSur` zurückgegeben. Über die korrekte Ausführung der Operation informiert der Parameter `inf`.

```
PROCEDURE Delete (relName : NameType;
                  sur     : Surrogate;
                  level   : MutationLevel;
                  VAR inf : ReturnInfo);
```

Die Prozedur `Delete` ist in gewisser Weise die inverse Operation zu `Copy`: Werden bei `Copy` alle abhängigen Tupel mitdupliziert, so werden bei `Delete` alle gelöscht (cascaded deletion). Es stehen wieder die verschiedenen Mutationsebenen zur Verfügung, was auch das Löschen ganzer Relationen umfasst.

Ein Aufruf der Prozedur `Delete` muss in `relName` den Namen der Relation enthalten, in der das Tupel mit dem Surrogat `sur` gelöscht werden soll. Die Mutationsebene `level` spezifiziert die Granularität der Operation: So lässt sich z.B. ein abhängiges Tupel (mit eventuell weiteren abhängigen Tupeln) zusammen mit allen zugehörigen Versionen löschen. Löschen ganzer K-, H- oder M-Relationen erfolgt über das Löschen der entsprechenden Einträge in der Metadatenbank, wobei neben den Daten auch Zugriffshilfen gelöscht werden. Der Rückgabeparameter `inf` enthält Informationen über die Ausführung der Operation.

```
PROCEDURE Replace (relName : NameType;
                   sur     : Surrogate;
                   newTup  : Tuple;
                   VAR inf : ReturnInfo);
```

`Replace` dient dem Ändern beliebiger Datenwerte, ausgenommen das Surrogat und die eventuell vorhandene H-Referenz.

Die Struktur und die Länge der neuen Daten, deren Referenz in `newTup` übergeben werden, muss identisch sein mit derjenigen des in `sur` angesprochenen Datensatzes der Relation mit Namen `relName`. Die Operation ist eine reine Ein-Tupel-Operation und wirkt wieder gleichermassen auf den Benutzerdaten oder auf der Metadatenbank. Zurückgegeben wird im Parameter `inf` der Status der Ausführung.

```
(**************************************************************
*                                                             *
*                                                             *
*          XXX   XXX     RRRRRRRR       SSSSSSSS              *
*           XXX XXX      RRR    RR     SSS                    *
*            XXXXX       RRR    RR     SSS                    *
*             XXX        RRRRRRRR       SSSSSSS               *
*            XXXXX       RRRRR               SSS              *
*           XXX XXX      RRR RRR             SSS              *
*          XXX   XXX     RRR   RRR     SSSSSSSS               *
*                                                             *
*          Extended      Relational    System                 *
*                                                             *
*                                                             *
*               Version 2 of September 1986                   *
*                                                             *
*                                                             *
*                XDS: Extended Data System                    *
*                                                             *
*                                                             *
*     version:         11-09-1986                             *
*     XRS group:       Durrer K., Heiser G., Meier A.,        *
*                      Petry E.,Wälchli A.                    *
*     copyright:       Institut für Informatik                *
*                      ETH-Zentrum                            *
*                      CH-8092 Zürich                         *
*                                                             *
**************************************************************)

DEFINITION MODULE XRSXDS;(* AW,EP *)

(**************************************************************************)

PROCEDURE CreateDB (param    : CreateParamType;
                    VAR inf: ReturnInfo);

(* creates a new logical device with name 'param.dBName' on the device
   specified in 'param.deviceName' and initializes a meta-database
   which contains only the meta-database scheme relations.            *)


PROCEDURE OpenDB (param    : OpenParamType;
                  VAR inf: ReturnInfo);

(* opens the database with name 'param.dBName' on the device specified
   in 'param.deviceName'. Only one database can be open at one time.
   At the end of the session, procedure 'CloseDB' should be called.    *)


PROCEDURE CloseDB (VAR inf: ReturnInfo);

(* closes the actually opened database. A database left open at the end of a
   session will fall in a undefined state; its data may become unreadable.  *)


PROCEDURE DestroyDB (param    : DestrParamType;
                     VAR inf: ReturnInfo);

(* destroys the database with name 'param.dBName' on the device specified in
   'param.deviceName' and all information stored in it. Use with care!     *)


PROCEDURE TuneDB (param    : TuneParamType;
                  VAR inf: ReturnInfo);

(* sets new database parameters concerning the priority of pages and the
   behavior of data pages in case of manipulation operations.          *)
```

```
PROCEDURE CheckDB (VAR errNo  : ErrorNumber;
                   VAR message: ARRAY OF CHAR);

(* checks whether any error messages are available to the actually opened (!)
   database. Messages are stored until they will be read by this procedure.   *)


PROCEDURE Retrieve (VAR relName: NameType;
                    key        : RKey;
                    level      : AccessLevel;
                    mode       : NavigationMode;
                    VAR tup    : Tuple;
                    VAR sur    : Surrogate;
                    VAR inf    : ReturnInfo);

(* retrieves tuples of the relation with name 'relName' by different access
   levels and navigation modes with a key value not necessarely full specified.
   Procedure may also be used for navigation operations.                      *)


PROCEDURE GeometricSearch (key     : GKey;
                           mode    : NavigationMode;
                           VAR tup: TupPair;
                           VAR sur: SurPair;
                           VAR inf: ReturnInfo);

(* retrieves tuples or pairs of tuples of M-Relation with name 'relName'.
   It supports point queries (i.e. exact match), range and region queries by
   specifying a multidimensional key and a navigation mode.                   *)


PROCEDURE Insert (relName: NameType;
                  hRef   : HReference;
                  tup    : Tuple;
                  level  : MutationLevel;
                  VAR sur: Surrogate;
                  VAR inf: ReturnInfo);

(* inserts a tuple into the relation with name 'relName'. The relation may be
   a user-defined K-, H- or M-relation (including the dependent relations if
   existing) or a system-defined meta-database relation with name relation,
   attribute, key or attribute-key. 'hRef' is the reference to the superposed
   tuple, 'tup' is a pointer in main memory to the tuple to be inserted.'level'
   specifies if to insert a new versionset, a new version or a dependent tuple.
   After successfull completion of the operation, the tuple contains the
   surrogate and in case of dependent relations also the hRef.                *)


PROCEDURE Copy (relName    : NameType;
                sur        : Surrogate;
                level      : MutationLevel;
                VAR newSur: Surrogate;
                VAR inf    : ReturnInfo);

(* copies a tuple with all its dependent tuples of the relation with name
   'relName'. 'sur' is the surrogate of the tuple to be copied. 'level'
   specifies if to copy meta-database information, a whole versionset, a single
   version or a dependent tuple. Copying H-tuples is always cascading. All
   copied tuples will get new surrogates, H-references and accesspathes will be
   updated.                                                                   *)


PROCEDURE Delete (relName: NameType;
                  sur    : Surrogate;
                  level  : MutationLevel;
                  VAR inf: ReturnInfo);

(* deletes tuples, versions, versionsets or whole relations if 'relName' is the
   name of an existing relation, i.e. K-, H-, M- or meta-database relation.
```

```
   'sur' is the surrogate of the tuple to be deleted. 'level' specifies the
   granularity of the deletion. The deletion operation of a H-tuple is always
   cascading.                                                                 *)


PROCEDURE Replace (relName: NameType;
                   sur    : Surrogate;
                   newTup : Tuple;
                   VAR inf: ReturnInfo);

(* replaces the values of a tuple by new values where 'relName' is the name of
   a K-, H- or M-relation resp. replaces the names of relations, attributes or
   keys in the meta-database relations with 'relName' relation, attribute, key
   or attribute-key. 'sur' has to be the surrogate of an existing tuple in the
   specified relation. 'newTup' must be a pointer to a tuple of the relation
   containing the new values.                                                 *)

END XRSXDS.
```

```
(*******************************************************************
*                                                                 *
*                                                                 *
*            XXX   XXX     RRRRRRRR       SSSSSSSS                *
*             XXX XXX      RRR    RR     SSS                      *
*              XXXXX       RRR    RR     SSS                      *
*               XXX        RRRRRRRR       SSSSSSS                 *
*              XXXXX       RRRRR               SSS                *
*             XXX XXX      RRR RRR             SSS                *
*            XXX   XXX     RRR   RRR     SSSSSSSS                 *
*                                                                 *
*            Extended      Relational    System                   *
*                                                                 *
*                                                                 *
*                  Version 2 of August 1986                       *
*                                                                 *
*                                                                 *
*                  DM: Description Manager                        *
*                                                                 *
*                                                                 *
*      version:         11-09-1986                                *
*      XRS group:       Durrer K., Heiser G., Meier A.,           *
*                       Petry E.,Wälchli A.                       *
*      copyright:       Institut für Informatik                   *
*                       ETH-Zentrum                               *
*                       CH-8092 Zürich                            *
*                                                                 *
*******************************************************************)

DEFINITION MODULE XRSDM; (* EP *)

(*****************************************************************************)

PROCEDURE AllocMDBS (VAR mdbRoot: RootMDB;
                     VAR done   : BOOLEAN);

(* generates the main memory data structures for the meta-database scheme.   *)


PROCEDURE DeallocMDB (VAR done: BOOLEAN);

(* deallocates the main memory meta-database scheme and its data.            *)


PROCEDURE GetRel (relNo    : RelNoType;
                  relName  : NameType;
                  VAR rel  : SysRelation;
                  VAR found: BOOLEAN);

(* initializes 'rel' corresponding to relation with name 'relName' or number
   'relNo' in order to point to its description.                             *)


PROCEDURE InsertRel (parRel       : SysRelation;
                     newName      : NameType;
                     newNumber    : RelNoType;
                     newType      : RelType;
                     newMaxSetNo  : SetNoType;
                     newFirstPage : PageNo;
                     newLastPage  : PageNo;
                     newNew       : BOOLEAN;
                     VAR rel      : SysRelation;
                     VAR done     : BOOLEAN);

(* allocates a new description for a relation and inserts it into the meta-
   database scheme as a son of the relation 'parRel'. Only main memory
   data structures are manipulated.                                          *)
```

```
PROCEDURE ReturnRel (VAR rel : SysRelation;
                     VAR done: BOOLEAN);

(* releases the description of the relation referenced by 'rel'.          *)


PROCEDURE CopyRel (rel        : SysRelation;
                   firstRelNo: SetNoType;
                   firstAttNo: SetNoType;
                   VAR newRel: SysRelation;
                   VAR done  : BOOLEAN);

(* copies a complete hierarchy of relation description records including the
   corresponding attributes. 'rel' should point to a description record of a
   relation and 'firstRelNo' resp. 'firstAttNo' have to be the lowest free
   number for new relations resp. attributes. Only main memory data structures
   are manipulated.                                                          *)


PROCEDURE GetAtt (rel       : SysRelation;
                  name      : NameType;
                  no        : SetNoType;
                  VAR att   : SysAttribute;
                  VAR found : BOOLEAN);

(* initializes 'att' corresponding to the attribute specified by its 'name'
   or 'no' in order to point to its description.                            *)


PROCEDURE InsertAtt (rel       : SysRelation;
                     no        : SetNoType;
                     newName   : NameType;
                     newType   : AttType;
                     newOffset : CARDINAL;
                     VAR att   : SysAttribute;
                     VAR done  : BOOLEAN);

(* allocates a new description for a attribute and inserts it in the
   meta-database scheme. 'rel' points to the appropriate relation record.
   'no' is the set number of the new attribute, and return parameter
   'att' points to the new attribute record. Only main memory data
   structures are manipulated.                                              *)


PROCEDURE ReturnAtt (VAR att : SysAttribute;
                     VAR done: BOOLEAN);

(* releases the description of attributes referenced by 'att' together with the
   corresponding attribute-key descriptions.                                *)


PROCEDURE GetAttOffset (rel : SysRelation;
                        type: AttType     ): CARDINAL;

(* returns the offset of the attribute in relation 'rel' with type 'type'. If
   no attribute of that type exists, MaxCard is returned.                   *)


PROCEDURE GetKey (rel       : SysRelation;
                  name      : AccPathNameType;
                  no        : SetNoType;
                  VAR key   : SysKey;
                  VAR found : BOOLEAN);

(* initializes 'key' corresponding to the key with 'name' or 'no' in order
   to point to its description.                                             *)
```

```
PROCEDURE InsertKey (rel     : SysRelation;
                     tree    : SysTree;
                     gf      : SysGF;
                     no      : SetNoType;
                     newName : AccPathNameType;
                     seqNo   : CARDINAL;
                     VAR key : SysKey;
                     VAR done: BOOLEAN);

(* allocates a new description for a key and inserts it in the meta-
   database scheme. 'rel' points to the appropriate relation record,
   either 'tree' or 'gf' should point to its corresponding record.
   'no' is the set number of the new key. 'seqNo' is the sequence number
   of the key in the tree. Return parameter key points to the new record
   in the relation key. Only main memory data structures are manipulated.     *)


PROCEDURE ReturnKey (VAR key : SysKey;
                     VAR done: BOOLEAN);

(* releases the description of keys referenced by 'key' together with the
   corresponding attribute-key descriptions.                                  *)


PROCEDURE GetAttKey (att        : SysAttribute;
                     key        : SysKey;
                     VAR attKey: SysAttKey;
                     VAR found : BOOLEAN);

(* initializes 'attKey' corresponding to a attribute-key given by 'att' and
   'key' in order to point to its description.                                *)


PROCEDURE InsertAttKey (att        : SysAttribute;
                        key        : SysKey;
                        no         : SetNoType;
                        seqNo      : CARDINAL;
                        VAR attKey: SysAttKey;
                        VAR done   : BOOLEAN);

(* allocates a new description for the relation attribute-key and inserts
   it in the meta-database scheme. 'att' must point to the appropriate
   attribute record, 'key' to the key record. 'no' is the set number of the
   attKey in relation attribute-key, 'seqNo' is the sequence number of the
   attribute in the key. Return parameter 'attKey' points to the new record
   in the relation attribute-key. Only main memory data structures are
   manipulated.                                                               *)


PROCEDURE ReturnAttKey (VAR attKey: SysAttKey;
                        VAR done   : BOOLEAN);

(* releases the description of a attribute-key referenced by 'attkey'.       *)


PROCEDURE GetTree (treeNo   : SetNoType;
                   VAR tree : SysTree;
                   VAR found: BOOLEAN);

(* initializes 'tree' corresponding to a tree given by 'treeNo' in order
   to point to its description.                                               *)


PROCEDURE InsertTree (no            : SetNoType;
                      newRootPage   : PageNo;
                      newNoOfKeys,
                      newKeyLength,
                      newTreeHeight: CARDINAL;
```

```
                    VAR tree      : SysTree;
                    VAR done      : BOOLEAN);

(* allocates a new description for a of tree and inserts it in the meta-
   database scheme. 'no' is the set number of the new tree in relation
   tree. Return parameter tree points to the new tree record. Only
   main memory data structures are manipulated.                       *)


PROCEDURE ReturnTree (VAR tree: SysTree;
                      VAR done: BOOLEAN);

(* releases the description of the tree referenced by 'tree' together
   with corresponding key and attribute-key records.                  *)


PROCEDURE GetGF (gfNo     : SetNoType;
                 VAR gf   : SysGF;
                 VAR found: BOOLEAN);

(* initializes 'gf' corresponding to a gridfile 'gf' in order to point to
   its description.                                                   *)


PROCEDURE InsertGF (no                 : SetNoType;
                    newGFName          : BlockName;
                    newKeyBaseType     : AttType;
                    newFixLowerBounds,
                    newFixUpperBounds: KeyData;
                    newNoOfDim,
                    newKeyLength,
                    newDirPageSize,
                    newBucketSize      : CARDINAL;
                    VAR gf             : SysGF;
                    VAR done           : BOOLEAN);

(* allocates a new description for a gridfile and inserts it in the meta-
   database scheme. 'no' is the set number of the new gridfile. Return
   parameter 'gf' points to the new record. Only main memory data structures
   are manipulated.                                                   *)


PROCEDURE ReturnGF (VAR gf  : SysGF;
                    VAR done: BOOLEAN);

(* releases the description of the gridfile referenced by 'gf' together
   with corresponding key and attribute-key records.                  *)

END XRSDM.
```

```
(*******************************************************************
*                                                                 *
*                                                                 *
*           XXX   XXX     RRRRRRRR       SSSSSSSS                 *
*            XXX XXX      RRR    RR     SSS                       *
*             XXXXX       RRR    RR     SSS                       *
*              XXX        RRRRRRRR       SSSSSSS                  *
*             XXXXX       RRRRR               SSS                 *
*            XXX XXX      RRR RRR             SSS                 *
*           XXX   XXX     RRR   RRR     SSSSSSSS                  *
*                                                                 *
*           Extended      Relational    System                    *
*                                                                 *
*                                                                 *
*                Version 2 of September 1986                      *
*                                                                 *
*                                                                 *
*                    SM : Surrogate Manager                       *
*                                                                 *
*              Surrogate-TID/mKey - Table Handler                 *
*              Implemented as Gridfile Application                *
*                                                                 *
*     version:        11-09-1986                                  *
*     XRS group:      Durrer K., Heiser G., Meier A.,             *
*                     Petry E.,Wälchli A.                         *
*     copyright:      Institut für Informatik                     *
*                     ETH-Zentrum                                 *
*                     CH-8092 Zürich                              *
*                                                                 *
*******************************************************************)

DEFINITION MODULE XRSSM; (* KD,AW *)

(*************************************************************************)


TYPE GID = RECORD
             CASE isTID: BOOLEAN OF
               TRUE    : tid     : OMTID;
             | FALSE   : mKeyRec: GMTID;
             END;
           END;


PROCEDURE CreateSurTable (param    : SMFixParamType;
                          VAR done: BOOLEAN);

(* creates the surrogate-GID access path with the parameters specified in
   'param'.                                                              *)


PROCEDURE DestroySurTable (VAR done: BOOLEAN);

(* destroys the complete accesspath where 'CloseSurTable' should be called
   before calling this procedure.                                        *)


PROCEDURE OpenSurTable (VAR done: BOOLEAN);
PROCEDURE CloseSurTable (VAR done: BOOLEAN);

(* opens and closes the surrogate-GID access path.                       *)


PROCEDURE GetGID (VAR sur   : Surrogate;
                  VAR gid   : GID;
                  VAR found: BOOLEAN);

(* initializes a query on the gridfile in order to get the GID. Although
   'sur' has not to be completely specified as input parameter, the fully
   specified surrogate and its GID (i.e. its tid or mKey) are returned.  *)
```

```
PROCEDURE NextGID (VAR gid   : GID;
                   VAR sur   : Surrogate;
                   VAR found: BOOLEAN);

(* According to the actual position in the query intitialized by the last call
   of procedure GetGID (i.e. NOT accordingly to the actual value of parameters
   'gid' or 'sur'!), the GID-value of the next record is given back together
   with the corresponding surrogate.                                          *)


PROCEDURE PutGID (sur      : Surrogate;
                  gid      : GID;
                  VAR done: BOOLEAN);

(* inserts a surrogate-GID pair in the corresponding access path. Both
   parameters 'sur' and 'gid' must be fully specified.                        *)


PROCEDURE ModifyGID (sur      : Surrogate;
                     gid      : GID;
                     VAR done: BOOLEAN);

(* allows to modify the GID part of the surrogate-GID pair if the surrogate
   is fully specified.                                                        *)


PROCEDURE DeleteGID (sur      : Surrogate;
                     VAR done: BOOLEAN);

(* removes all surrogate-GID pairs from its corresponding access path whose
   surrogate value matches with the value specified in 'sur'.                 *)


PROCEDURE NewSur (VAR sur : Surrogate;
                  VAR done: BOOLEAN);

(* determines a new surrogate by generating a new free number for all
   surrogate parts with input value equal to 'sNIL'.                          *)

END XRSSM.
```

```
(****************************************************************
*                                                               *
*                                                               *
*              XXX   XXX     RRRRRRRR       SSSSSSSS            *
*               XXX XXX      RRR    RR     SSS                  *
*                XXXXX       RRR    RR     SSS                  *
*                 XXX        RRRRRRRR       SSSSSSS             *
*                XXXXX       RRRRR                SSS           *
*               XXX XXX      RRR RRR              SSS           *
*              XXX   XXX     RRR   RRR     SSSSSSSS             *
*                                                               *
*              Extended      Relational    System               *
*                                                               *
*                                                               *
*                   Version 2 of September 1986                 *
*                                                               *
*                                                               *
*                       OM: Object Manager                      *
*                                                               *
*                 K- and H-Tuple Storage Handler                *
*                                                               *
*                                                               *
*     version:         11-09-1986                               *
*     XRS group:       Durrer K., Heiser G., Meier A.,          *
*                      Petry E.,Wälchli A.                      *
*     copyright:       Institut für Informatik                  *
*                      ETH-Zentrum                              *
*                      CH-8092 Zürich                           *
*                                                               *
****************************************************************)

DEFINITION MODULE XRSOM; (* AW *)

(*************************************************************)


PROCEDURE SetOMParam (param    : OMDynParamType;
                      VAR done: BOOLEAN);

(* sets new values for the three page parameters of the object manager and
   stores them on the special page containing the global database parameters.
   Explanation of the three page parameters:
   - occupation limit: When filling data pages the first time, they will be
                       filled under this limit.
   - starvation limit: When deleting  data on pages, two neighbor pages will
                       be merged if both their occupation degrees are smaller
                       than the starvation limit.
   - reduction limit:  When splitting a page becomes necessary, the old page
                       will be reduced according to this limit.          *)


PROCEDURE RequestTuple (rel       : SysRelation;
                        sur       : Surrogate;
                        parentTID: OMTID;
                        parentSur: Surrogate;
                        VAR tid   : OMTID;
                        VAR done  : BOOLEAN);

(* reserves empty space in the database for a new tuple of relation 'rel'.
   The location of the new tuple is given by the parent tuple with identifier
   'parentTID' and identification key 'parentSur'. In case no parent has been
   specified, the tuple is treated as the root of a new cluster hierarchy.   *)


PROCEDURE CopyTuple (tupleRel        : SysRelation;
                     tupleTID        : OMTID;
                     VAR newTupleRel: SysRelation;
                     VAR newTupleTID: OMTID;
                     VAR newTupleSur: Surrogate;
                     VAR done        : BOOLEAN);

(* duplicates the tuple with the identifier 'tupleTID' of relation 'tupleRel'
```

```
   and returns the identifiers 'newTupleTID' and 'newTupleSur' of the new tuple.
   In case the tuple referenced by 'tupleTID' is the root element of the
   H-relation 'tupleRel', all tuples of the corresponding H-tuple will be copied
   to the relation 'newTupleRel' which has to be an empty, but already existing
   relation with the same structure as 'tupleRel'. The procedure puts the
   identifiers of all tuples whose location have changed into an update list
   which has to be worked off afterwards.                                        *)


PROCEDURE ReturnTuple (rel      : SysRelation;
                       tid      : OMTID;
                       VAR done: BOOLEAN);

(* deletes the tuple with the identifier 'tid'. In case the tuple is a H-tuple,
   all dependent tuples will be deleted too (cascaded deletion). It also puts
   the identifiers of all deleted tuples and of all tuples whose location has
   changed into an update list which has to be worked off afterwards.           *)


PROCEDURE GetTuple (rel      : SysRelation;
                    tid      : OMTID;
                    VAR data: Tuple;
                    VAR done: BOOLEAN);

(* searches the tuple with identifier 'tid' in the database and copies the
   data of the tuple according to the address referenced by parameter 'data'. *)


PROCEDURE ReleaseTuple (rel      : SysRelation;
                        tid      : OMTID;
                        data     : Tuple;
                        VAR done: BOOLEAN);

(* replaces the data of an already existing tuple with identifier 'tid' by
   the new data located at main memory address 'data'.                        *)


PROCEDURE GivePrev (tupleRel : SysRelation;
                    tupleTID : OMTID;
                    VAR prev : OMTID;
                    VAR found,
                        done : BOOLEAN);

(* returns the identifier of the previous tuple to the tuple referenced by
   'tupleTID' of relation 'tupleRel' (according to the physical order the
   tuples are stored) without checking parent changes.                         *)


PROCEDURE GiveNext (tupleRel : SysRelation;
                    tupleTID : OMTID;
                    VAR next : OMTID;
                    VAR found,
                        done : BOOLEAN);

(* returns the identifier of the tuple next to the tuple referenced in
   'tupleTID' of relation 'tupleRel' (according to the physical order the
   tuples are stored) without checking parent changes.                         *)


PROCEDURE GiveParent (tupleRel   : SysRelation;
                      tupleTID   : OMTID;
                      VAR parent: OMTID;
                      VAR found,
                          done   : BOOLEAN);

(* serves for navigating within H-tuples and returns in parameter 'parent'
   the identifier of the superposed tuple of the tuple referenced by
   'tupleTID' of relation 'tupleRel'.                                          *)
```

```
PROCEDURE GiveChild (tupleRel : SysRelation;
                     tupleTID : OMTID;
                     childRel : SysRelation;
                     VAR child: OMTID;
                     VAR found,
                         done  : BOOLEAN);

(* serves for navigating within H-tuples and returns in parameter 'child'
   the identifier of the first tuple of relation 'childRel' under the
   tuple referenced by 'tupleTID' of relation 'tupleRel' (according to the
   physical order the tuples are stored).                                  *)


PROCEDURE GiveFst (rel       : SysRelation;
                   VAR tid   : OMTID;
                   VAR found,
                       done  : BOOLEAN);

(* returns the identifier 'tid' of the first tuple of relation 'rel'
   (according to the physical order the tuples are stored).                *)


PROCEDURE GiveLst (rel       : SysRelation;
                   VAR tid   : OMTID;
                   VAR found,
                       done  : BOOLEAN);

(* returns the identifier 'tid' of the last tuple of relation 'rel'
   (according to the physical order the tuples are stored).                *)


PROCEDURE GiveNextInObj (tupleRel    : SysRelation;
                         tupleTID    : OMTID;
                         VAR nextRel : SysRelation;
                         VAR next    : OMTID;
                         VAR found,
                             done    : BOOLEAN);

(* offers a way to browse through a K- or H-tuple and returns in parameter
   'next' the identifier of the next stored tuple according to the tuple
   with identifier 'tupleTID' of relation 'tupleRel'. It gives back in
   parameter 'nextRel' the relation of this tuple.                          *)

END XRSOM.
```

```
(***************************************************************
*                                                              *
*                                                              *
*            XXX   XXX     RRRRRRRR       SSSSSSSS             *
*             XXX XXX      RRR    RR     SSS                   *
*              XXXXX       RRR    RR     SSS                   *
*               XXX        RRRRRRRR       SSSSSSS              *
*              XXXXX       RRRRR                SSS            *
*             XXX XXX      RRR RRR              SSS            *
*            XXX   XXX     RRR   RRR     SSSSSSSS              *
*                                                              *
*            Extended      Relational    System                *
*                                                              *
*                                                              *
*                 Version 2 of September 1986                  *
*                                                              *
*                                                              *
*                     AM: Access Manager                       *
*                                                              *
*            Manages Auxillary Organizations (B*-Trees)        *
*                     for User-Defined Keys                    *
*                                                              *
*     version:         11-09-1986                              *
*     XRS group:       Durrer K., Heiser G., Meier A.,         *
*                      Petry E.,Wälchli A.                     *
*     copyright:       Institut für Informatik                 *
*                      ETH-Zentrum                             *
*                      CH-8092 Zürich                          *
*                                                              *
***************************************************************)

DEFINITION MODULE XRSAM; (* AW *)

(*************************************************************************)

PROCEDURE CreateTree (VAR treeDesPtr: SysTree;
                      VAR done      : BOOLEAN);

(* creates a new B*-tree and initalizes the record field 'rootPage'
   in 'treeDesPtr'.                                                     *)


PROCEDURE DestroyTree (treeDesPtr: SysTree;
                       VAR done  : BOOLEAN);

(* destroys the tree specified in parameter 'treeDesPtr' and all data stored in
   it but does not modify the description of the tree in the system relation. *)


PROCEDURE OpenTree (VAR treeDesPtr: SysTree;
                    VAR done      : BOOLEAN);

(* opens the tree with name and attributes defined in 'treeDesPtr' and
   initalizes the record field 'treeHeight' of 'treeDesPtr'.            *)


PROCEDURE CloseTree (VAR treeDesPtr: SysTree;
                     VAR done      : BOOLEAN);

(* closes the tree specified in parameter 'treeDesPtr'. If a tree has not been
   closed correctly after its last use it may become inconsistent.       *)


PROCEDURE InsertUserKey (keyDesPtr: SysKey;
                         tuple    : Tuple;
                         VAR done : BOOLEAN);

(* extracts the user key from 'tuple' consulting the key description
   'keyDesPtr' and stores the surrogate of the tuple in the tree specified
```

```
   in 'keyDesPtr.treePtr'. It does not update the access path of any
   other key defined to this tuple.                                          *)


PROCEDURE ReturnUserKey (keyDesPtr: SysKey;
                         tuple    : Tuple;
                         VAR done : BOOLEAN);

(* deletes the entry  of user key and surrogate in the tree specified in
   'keyDesPtr.treePtr' corresponding to the 'tuple'. It does not update
   the access path of any other key defined to this tuple.                   *)


PROCEDURE GetTreeSur (keyDesPtr: SysKey;
                      id       : TreePosition;
                      VAR sur  : Surrogate;
                      VAR done : BOOLEAN);

(* gets the surrogate of the tuple with tree entry 'id' from the tree specified
   in 'keyDesPtr.treePtr'. The tree entry 'id' can be determinde by the
   procedure 'TreeQuery'.                                                    *)


PROCEDURE TreeQuery (keyDesPtr: SysKey;
                     mode     : NavigationMode;
                     ref      : TreePosition;
                     keyValue : KeyData;
                     VAR id   : TreePosition;
                     VAR found,
                         done : BOOLEAN);

(* initializes an exact or a partial exact match query in the tree specified
   in 'keyDesPtr.treePtr'. In case of an exact match query, all attributes of
   the user key have to be specified. All tree entries, i.e. the surrogates
   having the same user key may be accessed with this procedure by first setting
   navigation mode 'first' or 'last' and afterwards 'next' resp. 'prior'. It
   returns the identifier of a tree entry in 'id' which has to be known for
   the procedure 'GetTreeSur'.                                               *)

END XRSAM.
```

```
(*****************************************************************
*                                                               *
*                                                               *
*           XXX   XXX     RRRRRRRR      SSSSSSSS                *
*            XXX XXX      RRR    RR    SSS                      *
*             XXXXX       RRR    RR    SSS                      *
*              XXX        RRRRRRRR      SSSSSSS                 *
*             XXXXX       RRRRR               SSS               *
*            XXX XXX      RRR RRR             SSS               *
*           XXX   XXX     RRR   RRR    SSSSSSSS                 *
*                                                               *
*           Extended      Relational    System                  *
*                                                               *
*                                                               *
*                 Version 2 of September 1986                   *
*                                                               *
*                                                               *
*                    GM : Gridfile Manager                      *
*                                                               *
*                    M-Tuple Storage Handler                    *
*                                                               *
*     version:       11-09-1986                                 *
*     XRS group:     Durrer K., Heiser G., Meier A.,            *
*                    Petry E.,Wälchli A.                        *
*     copyright:     Institut für Informatik                    *
*                    ETH-Zentrum                                *
*                    CH-8092 Zürich                             *
*                                                               *
*****************************************************************)

DEFINITION MODULE XRSGM; (* AW,gh *)

(*****************************************************************
*                                                               *
*     XRSGM is based on the Grid File System:                   *
*                                                               *
*     version:       12-01-1985                                 *
*     author:        Hinrichs K.                                *
*     copyright:     Department of Computer Science             *
*                    University of North Carolina               *
*                    Chapel Hill, NC 27514                      *
*                                                               *
*****************************************************************)


***********************************************************************)


PROCEDURE CreateGridFile (param       : GMFixParamType;
                          VAR gfDesPtr: SysGF;
                          VAR done    : BOOLEAN);

(* creates a new gridfile with the attributes defined in 'param'. Parameter
   'gfDesPtr' has to be the pointer to an allocated record of type 'SysGFDes'
   not already initialized (except record-field 'keyPtr'!).             *)


PROCEDURE DestroyGridFile (gfDesPtr: SysGF;
                           VAR done: BOOLEAN);

(* destroys the gridfile specified in 'gfDesPtr' and all data stored in it.
   It does not modify the description of the gridfile in the system relation. *)


PROCEDURE OpenGridFile (VAR gfDesPtr: SysGF;
                        VAR done    : BOOLEAN);

(* opens the gridfile with the name and attributes defined in 'gfDesPtr' and
   initalizes the record field 'gridFile' of 'gfDesPtr'.                *)
```

```
PROCEDURE CloseGridFile (gfDesPtr: SysGF;
                         VAR done: BOOLEAN);

(* closes the gridfile specified in parameter 'gfDesPtr'. If a gridfile has not
   been closed correctly after its last use, it may become inconsistent.     *)


PROCEDURE InsertMTup (gfDesPtr: SysGF;
                      tuple   : Tuple;
                      VAR done: BOOLEAN);

(* extracts the mKey as it has been defined in the meta-database from 'tuple'
   and stores the tuple with this key in the gridfile specified in 'gfDesPtr'.
   It does not update the access path of any other key defined to this tuple
   besides that one specified in 'gfDesPtr'.                                  *)


PROCEDURE GetMTup (gfDesPtr : SysGF;
                   id       : GFQueryId;
                   VAR tuple: Tuple;
                   VAR done : BOOLEAN);

(* gets the tuple with identifier 'id' from the gridfile specified in
   'gfDesPtr' and returns the 'tuple' into already an allocated main memory
   space of appropriate length. The identifier of the tuple can be found with
   one of the gridfile query-procedures 'GFExactQuery', 'GFRangeQuery' or
   'GFRegionQuery'.                                                           *)


PROCEDURE GetMTupSur (gfDesPtr : SysGF;
                      sur      : Surrogate;
                      mKey     : GMTID;
                      VAR tuple: Tuple;
                      VAR done : BOOLEAN);

(* gets the tuple with identifier 'sur' and value 'mKey' from the gridfile
   specified in 'gfDesPtr' and returns the 'tuple' into an already allocated
   main memory space of appropriate length.                                   *)


PROCEDURE GetMTupPair (master,
                       slave     : SysGF;
                       id        : GFJoinId;
                       VAR tuples: TupPair;
                       VAR done  : BOOLEAN);

(* gets the pair of tuples with identifier 'id' from the gridfiles specified
   in 'master' and 'slave'. Returns the data of the two tuples in parameter
   'tuples' which should contain the pointers to an already allocated main
   memory space of appropriate lengths. The identifier of the tuples can be
   found with the gridfile query procedure 'GFJoinQuery'.                     *)


PROCEDURE ReleaseMTup (gfDesPtr: SysGF;
                       newTuple: Tuple;
                       VAR done: BOOLEAN);

(* stores new data given in 'newTuple' for the tuple in the gridfile specified
   in 'gfDesPtr'. It does not update any access path of keys defined to this
   tuple besides that one specified in 'gfDesPtr'.                            *)


PROCEDURE ReturnMTup (gfDesPtr: SysGF;
                      tuple   : Tuple;
                      VAR done: BOOLEAN);

(* deletes the tuple specified by 'tuple' in the gridfile defined by
   'gfDesPtr'. It does not update the access path of any other key defined
```

```
   to this tuple besides that one specified in 'gfDesPtr'.                   *)


PROCEDURE GFExactQuery (gfDesPtr : SysGF;
                        mode     : NavigationMode;
                        ref      : GFQueryId;
                        keyValue : GMTID;
                        VAR id   : GFQueryId;
                        VAR found,
                            done : BOOLEAN);

(* initializes an exact match query on the gridfile specified in 'gfDesPtr'.
   Parameter 'keyValue' contains for each key a specified value which must lie
   in the range defined at creation time of the gridfile (bounds can be asked
   with procedure 'GetGMFixParam'). All tuples having the same mKey specified
   in 'keyValue' can be accessed with this procedure by first setting navigation
   mode 'first' or 'last' and afterwards 'next' resp. 'prior'. It returns the
   identifier of the tuple in 'id' which has to be known for the procedure
   'GetMTup'.                                                                 *)


PROCEDURE GFRangeQuery (gfDesPtr : SysGF;
                        mode     : NavigationMode;
                        ref      : GFQueryId;
                        lowerKey,
                        upperKey : GMTID;
                        VAR id   : GFQueryId;
                        VAR found,
                            done : BOOLEAN);

(* initializes a range query on the gridfile specified in 'gDesPtr'. The
   multidimensional block described by parameters 'lowerKey' and 'upperKey'
   (cartesian product of left and right closed intervals) must be completely
   contained in the range defined by the creation of the gridfile (bounds can be
   asked with procedure 'GetGMFixParam'). By defining parameters 'lowerKey' and
   'upperKey' only partial, appropriately partial match queries and partial
   match range queries can also be initialized with this procedure. All tuples
   found in the range can be accessed with this procedure by first setting
   navigation mode 'first' or 'last' and afterwards 'next' resp. 'prior'. It
   returns the identifier of the tuple in 'id' which has to be known for the
   procedure 'GetMTup'.                                                       *)


PROCEDURE GFRegionQuery (gfDesPtr : SysGF;
                         mode      : NavigationMode;
                         ref       : GFQueryId;
                         keyRegion: Container;
                         blCheck   : RegionBlockProc;
                         ptCheck   : RegionPointProc;
                         VAR id    : GFQueryId;
                         VAR found,
                             done  : BOOLEAN);

(* initializes a user defined region query on the gridfile specified in
   'gfDesPtr'. The query region has to be contained in the multidimensional
   block described in parameter 'keyRegion'. A special procedure of type
   'RegionBlockProc' has to be provided to determine whether a multidimensional
   block is contained, intersected or notintersected by the user defined query
   region. Furthermore, a special procedure of type 'RegionPointProc' has to be
   provided to determine whether tuples are contained in the query region. All
   tuples found in the region can be accessed with this procedure by first
   setting navigation mode 'first' or 'last' and afterwards 'next' resp.
   'prior'.                                                                   *)


PROCEDURE GFJoinQuery (master,
                       slave    : SysGF;
                       mode     : NavigationMode;
                       ref      : GFJoinId;
                       maRegion : Container;
```

```
                              slRegion : GetContainerProc;
                              maBlCheck: JoinMaBlockProc;
                              blsCheck : JoinBlocksProc;
                              ptCheck  : JoinPointsProc;
                              VAR id   : GFJoinId;
                              VAR found,
                                  done : BOOLEAN);

(* initializes a join query on the grid files referenced by 'master' and
   'slave'. The tuples of the gridfile master which are joined with tuples in
   the gridfile slave must be contained in the multidimensional block defined in
   parameter 'maRegion'. A procedure 'maBlCheck' of type 'JoinMaBlockProc' has
   to be provided to determine whether a multidimensional block could contain
   tuples of gridfile master which join records in gridfile slave. Furthermore,
   a procedure 'slRegion' must return the container of all tuples of slave which
   could join records of master. Procedure 'blsCheck' must determine whether a
   pair of multidimensional blocks of gridfiles master and slave could contain
   at least one pair of records which fulfills the join condition. Procedure
   'ptCheck' must determine whether a pair of tuples of gridfiles master and
   slave fulfills the join condition. All tuple pairs found can be accessed with
   this procedure by first setting navigation mode 'first' or 'last' and
   afterwards 'next' resp. 'prior'.                                            *)

END XRSGM.
```

```
(*******************************************************************
*                                                                  *
*                                                                  *
*            XXX   XXX     RRRRRRRR      SSSSSSSS                  *
*             XXX XXX      RRR    RR    SSS                        *
*              XXXXX       RRR    RR    SSS                        *
*               XXX        RRRRRRRR      SSSSSSS                   *
*              XXXXX       RRRRR              SSS                  *
*             XXX XXX      RRR RRR            SSS                  *
*            XXX   XXX     RRR   RRR    SSSSSSSS                   *
*                                                                  *
*            Extended      Relational   System                     *
*                                                                  *
*                                                                  *
*                 Version 2 of September 1986                      *
*                                                                  *
*                                                                  *
*                      MM: Memory Manager                          *
*                                                                  *
*          Implementation of a Simple Virtual Memory               *
*                                                                  *
*     version:          11-09-1986                                 *
*     XRS group:        Durrer K., Heiser G., Meier A.,            *
*                       Petry E.,Wälchli A.                        *
*     copyright:        Institut für Informatik                    *
*                       ETH-Zentrum                                *
*                       CH-8092 Zürich                             *
*                                                                  *
*******************************************************************)

DEFINITION MODULE XRSMM; (* KD,AW *)

(***************************************************************************)


PROCEDURE SearchDBName (deviceName: DeviceNameType;
                        dBName    : DBNameType;
                        VAR found : BOOLEAN);

(* searches a database with name 'dBName' on the device specified
   in 'deviceName'. This procedure can be called any time, independent
   whether a buffer is open or closed.                                  *)


PROCEDURE CreateBuffer (deviceName: DeviceNameType;
                        dBName    : DBNameType;
                        VAR done  : BOOLEAN);

(* creates and initializes a logical device for a new database with name
   'dBName' on the physical device specified in 'deviceName'. The database
   name will be associated with this new logical device and can't be changed
   any more afterwards. Several logical devices can exist at the same time.
   The database name has to be unique within the specified physical device.
   To work with a database, procedure  'OpenBuffer' have to be called first.  *)


PROCEDURE DestroyBuffer (deviceName: DeviceNameType;
                         dBName    : DBNameType;
                         VAR done  : BOOLEAN);

(* destroys the logical device, i.e. all data (!) of the database with name
   'dBName' on the physical device specified in 'deviceName'.           *)


PROCEDURE OpenBuffer (deviceName: DeviceNameType;
                      dBName    : DBNameType;
                      fixParam  : MMFixParamType;
                      VAR done  : BOOLEAN);

(* opens the logical device for the database with name 'dBName' on the physical
   device with name 'deviceName' and allocates a buffer with the attributes
```

```
   specified in parameter 'fixParam'. It reads the first directory page.
   Remark: Only one buffer can be open at one time!                       *)


PROCEDURE CloseBuffer (VAR done: BOOLEAN);

(* deallocates the buffer of the actually opened database and closes the logical
   device on the physical device which has been specified when opening the
   buffer.                                                                *)


PROCEDURE RequestPage (VAR no   : PageNo;
                       VAR p    : PagePointer;
                       VAR done: BOOLEAN);

(* asks for new empty pages and returns the number 'no' and the address 'p'
   of the page. The page becomes automatically fixed in main memory (procedure
   'SetModifyPage' is called implicitly) until procedure 'ReleasePage' will be
   called. The page number 'no' is written to the first word of the page.  *)


PROCEDURE GetPage (no      : PageNo;
                   VAR p   : PagePointer;
                   VAR done: BOOLEAN);

(* gets the page with number 'no' from the secondary storage if it is not in
   the main memory. The page will be fixed in main memory until the procedure
   'ReleasePage' is called. 'GetPage' returns the address 'p' in main memory
   from the first word of the page. It doesn't matter if the page is already in
   the buffer or not, it never will be paged in twice in this case.        *)


PROCEDURE SetModifyPage (no      : PageNo;
                         VAR done: BOOLEAN);

(* flags the page with number 'no' in order to be written back to the device. *)


PROCEDURE ReleasePage (no      : PageNo;
                       VAR done: BOOLEAN);

(* releases the page in case it is no longer used by the calling module. If
   the page with the number 'no' is marked (with procedure 'SetModifyPage'),
   then the page is written back to the device at the end of a session
   or when memory space is required for other pages.                        *)


PROCEDURE ReturnPage (no      : PageNo;
                      VAR done: BOOLEAN);

(* gives back pages no longer used.                                         *)

END XRSMM.
```

```
(*****************************************************************
*                                                               *
*                                                               *
*             XXX   XXX     RRRRRRRR       SSSSSSSS             *
*              XXX XXX      RRR    RR     SSS                   *
*               XXXXX       RRR    RR     SSS                   *
*                XXX        RRRRRRRR       SSSSSSS              *
*               XXXXX       RRRRR               SSS             *
*              XXX XXX      RRR RRR             SSS             *
*             XXX   XXX     RRR   RRR     SSSSSSSS              *
*                                                               *
*             Extended      Relational    System                *
*                                                               *
*                                                               *
*                  Version 2 of September 1986                  *
*                                                               *
*                                                               *
*                      SI: System Interface                     *
*                                                               *
*                                                               *
*      version:        11-09-1986                               *
*      XRS group:      Durrer K., Heiser G., Meier A.,          *
*                      Petry E.,Wälchli A.                      *
*      copyright:      Institut für Informatik                  *
*                      ETH-Zentrum                              *
*                      CH-8092 Zürich                           *
*                                                               *
*****************************************************************)

(*****************************************************************
*                                                               *
*      The System Interface is OSSI - a portable operating      *
*      system and utility library - extended by the module      *
*      XRSBA which defines database parameters and generates    *
*      default values.                                          *
*                                                               *
*      From OSSI we use                                         *
*      SISystem:    system-dependant constants, types and       *
*                   functions                                   *
*      SIMemory:    memory allocation and deallocation          *
*      SIPacking:   packing of CARDINAL and INTEGER             *
*      SIBlockIO:   random access to seconary storage           *
*      SIStrings:   operations on character strings             *
*                                                               *
*          OSSI: Operating System Standard Interface            *
*                                                               *
*      version:        06-01-1986                               *
*      authors:        Biagioni E.S., Heiser G.,                *
*                      Hinrichs K., Müller C.                   *
*      copyright:      Institut für Informatik                  *
*                      ETH-Zentrum                              *
*                      CH-8092 Zürich                           *
*                                                               *
*****************************************************************)

DEFINITION MODULE XRSBA; (* AW *)

(************************************************************************)

TYPE

  AccessLevel       = (key, version, verSet, hTuple, hRelation);
  NavigationMode    = (prior, next, first, last);
  MutationLevel     = (Tuple, Version, VerSet, MDB);

  Surrogate         = RECORD
                        relNo: RelNoType;
                        setNo: SetNoType;
                        verNo: VerNoType;
                        seqNo: SeqNoType;
                      END;

  HReference        = Surrogate;
  Reference         = Surrogate;
```

```
  .....

(*****  Description of individual parameters to each database:
 *****************************************************************)

  .....

(*****  Page description:
 *****************************************************************)

  .....

(*****  Key description:
 *****************************************************************)

  .....

(*****  Meta database description for user:
 *****************************************************************)


 Relation          = POINTER TO RelDes;
 Attribute         = POINTER TO AttDes;
 Key               = POINTER TO KeyDes;
 AttKey            = POINTER TO AttKeyDes;

 RelType           = (kRel, hRel, mRel);
 AttType           = (Sur, HRef, Ref, RelNo, SetNo, VerNo, SeqNo, BitSet,
                      Boolean, Cardinal, Integer, Real, Character, Name, String);

 RelDes            = RECORD
                       sur         : Surrogate;
                       name        : NameType;
                       number      : RelNoType;
                       type        : RelType;
                       father      : Reference;
                     END;

 AttDes            = RECORD
                       sur         : Surrogate;
                       relation    : HReference;
                       name        : NameType;
                       type        : AttType;
                     END;

 KeyDes            = RECORD
                       sur         : Surrogate;
                       relation    : HReference;
                       name        : AccPathNameType;
                       keyType     : KeyType;
                     END;

 AttKeyDes         = RECORD
                       sur         : Surrogate;
                       key         : HReference;
                       attribute   : Reference;
                       seqNoInKey: CARDINAL;
                     END;


(*****  Meta database description for system:
 ***************************************************************)


 SysRelation       = POINTER TO SysRelDes;
 SysAttribute      = POINTER TO SysAttDes;
 SysKey            = POINTER TO SysKeyDes;
 SysAttKey         = POINTER TO SysAttKeyDes;
 SysTree           = POINTER TO SysTreeDes;
 SysGF             = POINTER TO SysGFDes;
 SysR              = POINTER TO SysRDes;
 SysS              = POINTER TO SysSDes;
```

```
RootMDB         = RECORD
                    rel             : SysRelation;
                    tree            : SysTree;
                    gf              : SysGF;
                  END;

SysRelDes       = RECORD
                    sur             : Surrogate;
                    name            : NameType;
                    number          : RelNoType;
                    type            : RelType;
                    father,
                    parent,
                    fstChild,
                    nextSib,
                    root            : Reference;
                    hLevel,
                    noOfChildRel,
                    tupleLength     : CARDINAL;
                    maxSetNo        : SetNoType;
                    firstPage,
                    lastPage        : PageNo;
                    new             : BOOLEAN;
                    parentPtr,
                    fstChildPtr,
                    nextSibPtr,
                    rootPtr         : SysRelation;
                    firstAttPtr     : SysAttribute;
                    firstKeyPtr     : SysKey;
                  END;

SysAttDes       = RECORD
                    sur             : Surrogate;
                    relation        : HReference;
                    name            : NameType;
                    type            : AttType;
                    offset          : CARDINAL;
                    relationPtr     : SysRelation;
                    nextAttPtr      : SysAttribute;
                    firstAttKeyPtr  : SysAttKey;
                  END;

SysKeyDes       = RECORD
                    sur             : Surrogate;
                    relation        : HReference;
                    name            : AccPathNameType;
                    CASE keyType    : KeyType OF
                      userKey: tree               : Reference;
                               seqNoInTree        : CARDINAL;
                               treePtr            : SysTree;
                               nextKeyInTreePtr: SysKey;
                    | mKey    : gf                : Reference;
                               gfPtr              : SysGF;
                    END;
                    relationPtr     : SysRelation;
                    nextKeyPtr      : SysKey;
                    firstAttKeyPtr  : SysAttKey;
                  END;

SysAttKeyDes    = RECORD
                    sur             : Surrogate;
                    key             : HReference;
                    attribute       : Reference;
                    seqNoInKey,
                    offsetInTup     : CARDINAL;
                    attributePtr    : SysAttribute;
                    keyPtr          : SysKey;
                    nextAttOfKeyPtr,
                    nextKeyOfAttPtr : SysAttKey;
                  END;

SysTreeDes      = RECORD
                    sur             : Surrogate;
                    rootPage        : PageNo;
```

```
                        noOfKeys,
                        keyLength,
                        treeHeight        : CARDINAL;
                        nextTreePtr       : SysTree;
                        firstKeyPtr       : SysKey;
                      END;

    SysGFDes          = RECORD
                        sur               : Surrogate;
                        gfName            : BlockName;
                        keyBaseType       : AttType;
                        fixLowerBounds,
                        fixUpperBounds    : KeyData;
                        noOfDim,
                        keyLength,
                        dirPageSize,
                        bucketSize        : CARDINAL;
                        gridFile          : GridFile;
                        nextGFPtr         : SysGF;
                        keyPtr            : SysKey;
                      END;

    SysRDes           = RECORD
                        sur               : Surrogate;
                      END;

    SysSDes           = RECORD
                        sur               : Surrogate;
                      END;


PROCEDURE CreateDefDBParam (...);
(* creates default values for above database parameters.                *)
...
END XRSBA.
```

Literaturverzeichnis

[Baer et al. 1979]
Baer A., Eastman C., Henrion M.: Geometric Modelling: A Survey. Computer-Aided Design, Vol. 11, No. 5, September 1979, pp. 253-272.

[Bancilhon et al. 1985]
Bancilhon F., Kim W., Korth H. F.: A Model of CAD Transactions. Proc. 11th Int. Conf. on VLDB, Stockholm 1985.

[Batory/Kim 1985]
Batory D. S., Kim W.: Modeling Concepts for VLSI CAD Objects. ACM Transactions on Database Systems, Vol. 10, No. 3, 1985, pp. 322-346.

[Beeri et al. 1986]
Beeri C., Bernstein P. A., Goodman N.: A Model for Nested Transaction System. Technical Report TR CS86-1, The Hebrew University, Jerusalem 1986.

[Betten 1977]
Betten J.: Elementare Tensorrechnung für Ingenieure. Vieweg & Sohn, Braunschweig 1977.

[Biagioni et al. 1986]
Biagioni E., Heiser G., Hinrichs K., Müller C.: OSSI - A Portable Operating System Interface and Utility Library for Modula-2. Bericht Nr. 67, Institut für Informatik, ETH Zürich, 1986.

[Blaser/Pistor 1985]
Blaser A., Pistor P.: Datenbank-Systeme für Büro, Technik und Wissenschaft. Informatik-Fachberichte Nr. 94, Springer-Verlag 1985.

[Böhm et al. 1984]
Böhm W., Farin G., Kahmann J.: A Survey of Curve and Surface Methods in CAGD. Computer Aided Geometric Design 1, North-Holland 1984, pp. 1-60.

[Braid et al. 1980]
Braid I. C., Hillyard R. C., Stroud I. A.: Stepwise Construction of Polyhedra in Geometric Modeling. In: Brodlie K.W. (Ed.): Mathematical Methods in Computer Graphics and Design. Academic Press, London 1980, pp. 123-141.

[Chamberlin et al. 1976]
Chamberlin D. D. et al.: SEQUEL 2: A Unified Approach to Data Definition, Manipulation, and Control. IBM Journal Research and Development, Vol. 20, No. 6, November 1976, pp. 560-575.

[Chen 1976]
Chen P. P.-S.: The Entity-Relationship Model - Toward a Unified View of Data. ACM Transactions on Database Systems, Vol. 1, No. 1, March 1976, pp. 9-36.

[Codd 1979]
Codd E. F.: Extending the Database Relational Model to Capture More Meaning. ACM Transactions on Database Systems, Vol. 4, No. 4, December 1979, pp. 397-434.

[Dadam et al. 1984]
Dadam P., Lum V., Werner H.-D.: Integration of Time Versions into a Relational Database System. Proc. 10th Int. Conf. on VLDB, Singapore 1984, pp. 509-522.

[Date 1986]
Date C. J.: An Introduction to Database Systems. Addison-Wesley, 1986.

[Deppisch et al. 1985]
Deppisch U., Obermeit V., Paul H.-B., Schek H.-J., Scholl M., Weikum G.: Ein Subsystem zur stabilen Speicherung versionenbehafteter, hierarchisch strukturierter Tupel. In: [Blaser/Pistor 1985], S. 421-440.

[Dittrich et al. 1985]
Dittrich K. R., Kotz A. M., Mülle J. A., Lockemann P. C.: Datenbankunterstützung für den ingenieurwissenschaftlichen Entwurf. Informatik-Spektrum 8, 1985, S. 113-125.

[Dittrich et al. 1986]
Dittrich K. R. et al.: DAMOKLES - Das Datenmodell des UNIBASE-Entwicklungsdatenbanksystems. Forschungszentrum Informatik FZI, Karlsruhe, März 1986.

[Dittrich/Lorie 1985]
Dittrich K. R., Lorie R. A.: Version Support for Engineering Database Systems. IBM Research Report RJ 4769, San Jose, 1985, pp. 1-19.

[Eastman 1980]
Eastman C.: System Facilities for CAD Databases. Proc. 17th Design Automation Conference, 1980.

[Eastman/Lafue 1982]
Eastman C. M., Lafue G. M.: Semantic Integrity Transactions in Design Databases. In: [Encarnação/Krause 1982], pp. 45-54.

[Eastman/Preiss 1984]
Eastman C. M., Preiss K.: A Review of Solid Shape Modelling Based on Integrity Verification. Computer-Aided Design, Vol. 16, No. 2, 1984, pp. 60-80.

[Eastman/Weiler 1979]
Eastman C., Weiler K.: Geometric Modeling Using the Euler Operators. Proc. First Annual Conference on Computer Graphics in CAD/CAM Systems, MIT 1979, pp. 248-259.

[Eberlein 1984]
Eberlein W.: CAD-Datenbanksysteme. Springer-Verlag, Berlin 1984.

[Encarnação/Krause 1982]
Encarnação J., Krause F.-J. (Eds.): File Structures and Databases for CAD. North-Holland, 1982.

[Enderle et al. 1984]
Enderle G., Kansy K., Pfaff G.: Computer Graphics Programming - GKS The Graphics Standard. Springer-Verlag, Berlin 1984.

[Fagin 1983]
Fagin R.: Degrees of Acyclicity for Hypergraphs and Relational Database Schemes. Journal of the ACM, Vol. 30, No. 3, July 1983, pp. 514-550.

[Faux/Pratt 1981]
Faux I. D., Pratt M. J.: Computational Geometry for Design and Manufacture. Ellis Horwood Ltd., 1981.

[Findler 1979]
Findler N. V. (Ed.): Associative Networks - Representation and Use of Knowledge by Computers. Academic Press, New York 1979.

[Fischer 1983]
Fischer W. E.: Datenbanksysteme für CAD-Arbeitsplätze. Informatik-Fachberichte Nr. 70, Springer-Verlag, Berlin 1983.

[Foisseau/Valette 1982]
Foisseau J., Valette F. R.: A Computer Design Data Model: FLOREAL. In: [Encarnação/Krause 1982], pp. 315-334.

[Gray et al. 1975]
Gray J. N., Lorie R. A., Putzolu G. R.: Granularity of Locks in a Shared Database. Proc. 1st Int. Conf. on VLDB, Framingham, 1975, pp. 428-451.

[Hall et al. 1976]
Hall P., Owlett J., Todd S.: Relations and Entities. In: Nijssen G. M. (Ed.): Modelling in Data Base Management Systems. North-Holland, Amsterdam 1976, pp. 201-220.

[Härder 1978]
Härder T.: Implementierung von Datenbanksystemen. Carl Hanser Verlag, München 1978.

[Härder 1984]
Härder T.: Überlegungen zur Modellierung und Integration der Zeit in temporalen Datenbanksystemen. Bericht Nr. 19/84, Sonderforschungsbereich 124, Universität Kaiserslautern, Oktober 1984.

[Härder/Reuter 1983]
Härder T., Reuter A.: Database Systems for Non-Standard Applications. Proc. ICS83, Nürnberg, Teubner Verlag, 1983, pp. 452-466.

[Härder/Reuter 1985]
Härder T., Reuter A.: Architektur von Datenbanksystemen für Non-Standard-Anwendungen. In: [Blaser/Pistor 1985], S. 253-286.

[Haskin/Lorie 1982a]
Haskin R., Lorie R. A.: Using a Relational Database System for Circuit Design. Database Engineering, Vol. 5, No. 2, June 1982, pp. 10-14.

[Haskin/Lorie 1982b]
Haskin R., Lorie R. A.: On Extending the Functions of a Relational Database System. Proc. ACM Int. Conf. on Management of Data, Orlanda 1982, pp. 207-212.

[Hinrichs 1985]
Hinrichs K.: Implementation of the GRID File: Design Concepts and Experience. BIT 25, 1985, pp. 569-592.

[Jared/Stroud 1983]
Jared G., Stroud I.: Local Operators in the BUILD System. In: Ellis T. M. R., Semenkov O. J. (Eds.): Advances in CAD/CAM. North-Holland, Amsterdam 1983, pp. 55-65.

[Jaeschke 1985]
Jaeschke G.: Recursive Algebra for Relations with Relation-Valued Attributes. Technical Report TR85.03.002, IBM Scientific Center Heidelberg, 1985.

[Kaminski 1986]
Kaminski A.: Protocols for Communicating in the Factory. IEEE Spectrum, April 1986, pp. 56-62.

[Kansy 1985]
Kansy K.: 3D Extension to GKS. Computer & Graphics, Vol. 9, No. 3, 1985, pp. 267-273.

[Katz 1983]
Katz R. H.: Managing the Chip Design Database. IEEE Computer, Vol. 16, No. 12, 1983, pp. 26-36.

[Katz 1985]
Katz R. H.: Information Management for Engineering Design Applications. Springer-Verlag, 1985.

[Katz/Lehman 1984]
Katz R. H., Lehman T. J.: Database Support for Versions and Alternatives of Large Design Files. IEEE Transactions on Software Engineering, Vol. SE-10, No. 2, 1984, pp. 191-200.

[Keller 1981]
Keller A. M.: Updates to Relational Databases Through Views Involving Joins. IBM Research Report RJ3282, San Jose 1981.

[Kim et al. 1983]
Kim W. et al.: Nested Transactions for Engineering Design Databases. IBM Research Report RJ3934, San Jose 1983.

[Klahold et al. 1986]
Klahold P., Schlageter G., Wilkes W.: A General Model for Version Management in Databases. Informatik Berichte Nr. 58, Fern-Universität Hagen, 1986, pp. 1-22.

[Klopprogge/Lockemann 1983]
Klopprogge M., Lockemann P. C.: Modelling Information Preserving Databases: Consequences of the Concept of Time. Proc. 9th Int. Conf. on VLDB, Florence 1983, pp. 399-416.

[Koch et al. 1983]
Koch J., Mall M., Putfarken P., Reimer M., Schmidt J., Zehnder C. A.: Modula/R Report, Lilith Version, ETH Zürich, Institut für Informatik, 1983.

[Kutay/Eastman 1983]
Kutay A. R., Eastman C. M.: Transaction Management in Engineering Databases. Proc. Data Base Week, IEEE Comp. Society Press No. 489, San Jose 1983, pp. 73-80.

[Lamersdorf/Schmidt 1983]
Lamersdorf W., Schmidt J. W.: Rekursive Datenmodelle. Informatik-Fachberichte Nr. 83, Springer-Verlag, Berlin 1983, S. 148-168.

[Levesque 1979]
Levesque H., Mylopoulos J.: A Procedural Semantics for Semantic Networks. In: [Findler 1979], pp. 93-120.

[Lorie et al. 1985]
Lorie R. A., Kim W., McNabb D., Plouffe W., Meier A.: Supporting Complex Objects in a Relational System for Engineering Databases. In: Kim W., Reiner D. S., Batory D. S. (Eds.): Query Processing in Database Systems. Springer-Verlag, Berlin 1985, pp. 145-155.

[Lorie/Plouffe 1983]
Lorie R. A., Plouffe W.: Complex Objects and Their Use in Design Transactions. Proc. Data Base Week, IEEE Comp. Society Press No. 489, San Jose 1983, pp. 115-121.

[Lorie/Meier 1984]
Lorie R. A., Meier A.: Using a Relational DBMS for Geographical Databases. Geo-Processing, Vol. 2, No. 3, Elsevier Science Publ., Amsterdam 1984, pp. 243-257.

[Lum et al. 1985]
Lum v., Dadam P., Erbe R., Günauer J., Pistor P., Walch G., Werner H., Woodfill J.: Design of an Integrated DBMS to Support Advanced Applications. In: [Blaser/Pistor 1985], pp. 362-381.

[Maier 1983]
Maier D.: The Theory of Relational Databases. Pitman Publ. Ltd., 1983.

[Mantyla/Tamminen 1983]
Mantyla M., Tamminen M.: Localized Set Operators for Solid Modeling. Computer Graphics, Vol. 17, No. 3, July 1983, pp. 279-288.

[McLeod et al. 1983]
McLeod D., Narayanaswamy K., Bapa Rao K. V.: An Approach to Information Management for CAD/VLSI Applications. Proc. Data Base Week, IEEE Comp. Society Press No. 489, San Jose 1983, pp. 39-50.

[Mehlhorn 1984]
Mehlhorn K.: Data Structures and Algorithms 3: Multi-dimensional Searching and Computational Geometry. Springer-Verlag, Berlin 1984.

[Meier 1982]
Meier A.: Semantisches Datenmodell für flächenbezogene Daten. Dissertation ETH 7043, ETH Zürich 1982.

[Meier 1985]
Meier A.: A Graph Grammar Approach to Geographical Databases. Information Systems, Vol. 10, No. 1, Berlin 1985, pp. 9-19.

[Meier 1986]
Meier A.: Methoden der grafischen und geometrischen Datenverarbeitung. Teubner Verlag, Stuttgart 1986.

[Meier 1986a]
Meier A.: Applying Relational Database Techniques to Solid Modelling. Computer-Aided Design, Vol. 18, No. 6, July/August 1986, pp. 319-326.

[Meier 1986b]
Meier A.: Darstellung und Speicherung geometrischer Objekte in einer relationalen Datenbank. AUSTROGRAPHICS'86, TU Wien, September 1986.

[Meier et al. 1986]
Meier A., Durrer K., Heiser G., Petry E., Wälchlin A., Zehnder C. A.:XRS - Ein erweitertes relationales Datenbanksystem zur Verwaltung von technischen Objekten und Versionen. Eingereicht: Informatik Forschung und Entwicklung, 1986.

[Meier/Ilg 1986]
Meier A., Ilg M.: Consistent Operations on a Spatial Data Structure. IEEE Transactions on Pattern Analysis and Machine Intelligence, Vol. PAMI-8, No. 4, July 1986, pp. 532-538.

[Meier/Loacker 1987]
Meier A., Loacker H.-B.: Computergrafik und Computergeometrie: der Software-Baukasten POLY. Erscheint: McGraw-Hill GmbH, Hamburg 1987.

[Meier/Loacker et al. 1986]
Meier A., Loacker H.-B., Paquet F., Kohler T.: Das rechnergestützte Unterrichtssystem POLY zur Darstellung und Manipulation ebenbegrenzter Objekte. GI-Tagung "Informatik Grundbildung in Schule und Beruf", Universität Kaiserslautern, September 1986.

[Meier/Lorie 1983a]
Meier A., Lorie R. A.: A Surrogate Concept for Engineering Databases. Proc. 9th Int. Conf. on VLDB, Florence 1983, pp. 30-32.

[Meier/Lorie 1983b]
Meier A., Lorie R. A.: Implicit Hierarchical Joins for Complex Objects. IBM Research Report RJ3775, San Jose 1983, pp. 1-13.

[Meier/Petry 1986]
Meier A., Petry E.: Versionenkontrolle geometrischer Daten. Eingeladener Vortrag GI-Fachgespräch "Verarbeitung und Verwaltung geometrischer Daten", GI-Jahrestagung Berlin, Oktober 1986.

[Mitschang 1984]
Mitschang B.: Überlegungen zur Architektur von Datenbanksystemen für Ingenieuranwendungen. Informatik-Fachberichte, Nr. 88, Springer-Verlag, 1984, S. 318-334.

[Moss 1982]
Moss J. E. B.: Nested Transactions and Reliable Distributed Computing. Proc. 2nd Symposium Reliability of Distributed Software and Database-Systems, 1982, pp. 33- 47.

[Müller/Steinbauer 1983]
Müller T., Steinbauer D.: Eine Sprachschnittstelle zur Versionenkontrolle in CAM-Datenbanken. In: [Schmidt 1983], S. 76-95.

[Mylopoulos et al. 1980]
Mylopoulos J., Bernstein P. A., Wang H. K. T.: A Language Facility for Designing Database-Intensive Applications. ACM Transactions on Database Systems, Vol. 5, No. 2, June 1980, pp. 185-207.

[Neumann/Hornung 1982]
Neumann T., Hornung C.: Consistency and Transactions in CAD Databases. Proc. 8th Int. Conf. on VLDB, Mexico City, 1982, pp. 181-188.

[Nievergelt et al. 1984]
Nievergelt J., Hinterberger H., Sevcik K.: The Grid File: An Adaptable, Symmetric Multikey File Structure. ACM Transactions on Database Systems, Vol. 9, No. 1, March 1984, pp. 38-71.

[Pistor/Traunmüller 1985]
Pistor P., Traunmüller R.: A Data Base Language for Sets, Lists, and Tables. Technical Report TR85.10.004, IBM Scientific Center Heidelberg, 1985.

[Preparata/Shamos 1985]
Preparata F. P., Shamos M. I.: Computational Geometry. Springer-Verlag, Berlin 1985.

[Requicha 1980]
Requicha A. A. G: Representations for Rigid Solids: Theory, Methods and Systems. Computing Surveys, Vol. 12, No. 4, December 1980, pp. 437-464.

[Schek/Pistor 1982]
Schek H.-J., Pistor P.: Data Structures for Integrated Data Base Management and Information Retrieval Systems. Proc. 8th Int. Conf. on VLDB, Mexico City, 1982, pp. 197-207.

[Schek/Scholl 1986]
Schek H.-J., Scholl M. H.: The Relational Model with Relation-Valued Attributes. Information Systems, Vol. 11, No. 2, 1986, pp. 137-147.

[Schmidt 1983]
Schmidt J. W. (Ed.): Sprachen für Datenbanken. Informatik-Fachberichte Nr. 72, Springer-Verlag 1983.

[Shoshani 1978]
Shoshani A.: CABLE: A Language Based on the Entity-Relationship Model. Technical Report UCID-8005, Lawrence Berkeley Laboratory, 1978.

[Shoshani 1982]
Shoshani A.: Statistical Databases: Characteristics, Problems, and some Solutions. Proc. 8th Int. Conf. on VLDB, Mexico City 1982, pp. 208-222.

[Shoshani/Wong 1985]
Shoshani A., Wong H. K. T.: Statistical and Scientific Database Issues. IEEE Transactions on Software Engineering, SE-11, No. 10, October 1985, pp. 1040-1047.

[Sidle 1980]
Sidle T. W.: Weakness of Commercial Data Base Management Systems in Engineering Applications. Proc. 17th Design Automation Conference, 1980, pp. 57-61.

[Smith/Smith 1977]
Smith J. M., Smith. D. C. P.: Database Abstractions: Aggregation and Generalization. ACM Transactions on Database Systems, Vol. 2, No. 2, 1977, pp. 105-133.

[Snodgrass 1985]
Snodgrass R.: A Temporal Query Language. Technical Report TR85-013, University of North Carolina, Chapel Hill, 1985, pp. 1-61.

[Steinbauer/Wedekind 1985]
Steinbauer D., Wedekind H.: Integritätsaspekte in Datenbanksystemen. Informatik-Spektrum, Nr. 8, 1985, S. 60-68.

[Stonebraker et al. 1983]
Stonebraker M., Rubenstein B., Guttman A.: Application of Abstract Data Types and Abstract Indices to CAD Databases. Proc. Data Base Week, IEEE Comp. Society Press No. 489, San Jose 1983, pp. 107-113.

[Ullman 1982]
Ullman J. D.: Principles of Database Systems. Pitman Publ. Ltd., 1982.

[Weikum/Schek 1984]
Weikum G., Schek H.-J.: Architectural Issues of Transaction Management in Multi-Layered Systems. Proc. 10th Int. Conf. on VLDB, Singapore 1984.

[Wiederhold/El-Masri 1980]
Wiederhold G., El-Masri R.: The Structural Model for Database Design. In: Chen P. P. (Ed.): Entity-Relationship Approach to System Analysis and Design. North-Holland 1980.

[Wirth 1985]
Wirth N.: Programming in Modula-2. Springer-Verlag, 1985.

[Zehnder 1985]
Zehnder C. A.: Informationssysteme und Datenbanken. Teubner Verlag, Stuttgart 1985.

Stichwortverzeichnis

Band 90: Informatik als Herausforderung an Schule und Ausbildung. GI-Fachtagung, Berlin, Oktober 1984. Herausgegeben von W. Arlt und K. Haefner. X, 416 Seiten. 1984.

Band 91: H. Stoyan, Maschinen-unabhängige Code-Erzeugung als semantikerhaltende beweisbare Programmtransformation. IV, 365 Seiten. 1984.

Band 92: Offene Multifunktionale Büroarbeitsplätze. Proceedings, 1984. Herausgegeben von F. Krückeberg, S. Schindler und O. Spaniol. VI, 335 Seiten. 1985.

Band 93: Künstliche Intelligenz. Frühjahrsschule Dassel, März 1984. Herausgegeben von C. Habel. VII, 320 Seiten. 1985.

Band 94: Datenbank-Systeme für Büro, Technik und Wirtschaft. Proceedings, 1985. Herausgegeben von A. Blaser und P. Pistor. X, 519 Seiten. 1985.

Band 95: Kommunikation in Verteilten Systemen I. GI-NTG-Fachtagung, Karlsruhe, März 1985. Herausgegeben von D. Heger, G. Krüger, O. Spaniol und W. Zorn. IX, 691 Seiten. 1985.

Band 96: Organisation und Betrieb der Informationsverarbeitung. Proceedings, 1985. Herausgegeben von W. Dirlewanger. XI, 261 Seiten. 1985.

Band 97: H. Willmer, Systematische Software- Qualitätssicherung anhand von Qualitäts- und Produktmodellen. VII, 162 Seiten. 1985.

Band 98: Öffentliche Verwaltung und Informationstechnik. Neue Möglichkeiten, neue Probleme, neue Perspektiven. Proceedings, 1984. Herausgegeben von H. Reinermann, H. Fiedler, K. Grimmer, K. Lenk und R. Traunmüller. X, 396 Seiten. 1985.

Band 99: K. Küspert, Fehlererkennung und Fehlerbehandlung in Speicherungsstrukturen von Datenbanksystemen. IX, 294 Seiten. 1985.

Band 100: W. Lamersdorf, Semantische Repräsentation komplexer Objektstrukturen. IX, 187 Seiten. 1985.

Band 101: J. Koch, Relationale Anfragen. VIII, 147 Seiten. 1985.

Band 102: H.-J. Appelrath, Von Datenbanken zu Expertensystemen. VI, 159 Seiten. 1985.

Band 103: GWAI-84. 8th German Workshop on Artificial Intelligence. Wingst/Stade, October 1984. Edited by J. Laubsch. VIII, 282 Seiten. 1985.

Band 104: G. Sagerer, Darstellung und Nutzung von Expertenwissen für ein Bildanalysesystem. XIII, 270 Seiten. 1985.

Band 105: G. E. Maier, Exceptionbehandlung und Synchronisation. IV, 359 Seiten. 1985.

Band 106: Österreichische Artificial Intelligence Tagung. Wien, September 1985. Herausgegeben von H. Trost und J. Retti. VIII, 211 Seiten. 1985.

Band 107: Mustererkennung 1985. Proceedings, 1985. Herausgegeben von H. Niemann. XIII, 338 Seiten. 1985.

Band 108: GI/OCG/ÖGJ-Jahrestagung 1985. Wien, September 1985. Herausgegeben von H. R. Hansen. XVII, 1086 Seiten. 1985.

Band 109: Simulationstechnik. Proceedings, 1985. Herausgegeben von D. P. F. Möller. XIV, 539 Seiten. 1985.

Band 110: Messung, Modellierung und Bewertung von Rechensystemen. 3. GI/NTG-Fachtagung, Dortmund, Oktober 1985. Herausgegeben von H. Beilner. X, 389 Seiten. 1985.

Band 111: Kommunikation in Verteilten Systemen II. GI/NTG-Fachtagung, Karlsruhe, März 1985. Herausgegeben von D. Heger, G. Krüger, O. Spaniol und W. Zorn. XII, 236 Seiten. 1985.

Band 112: Wissensbasierte Systeme. GI-Kongreß 1985. Her. gegeben von W. Brauer und B. Radig. XVI, 402 Seiten, 1985.

Band 113: Datenschutz und Datensicherung im Wandel der Ir mationstechnologien. 1. GI-Fachtagung, München, Oktober 1 Proceedings, 1985. Herausgegeben von P. P. Spies. VIII, 257 Se 1985.

Band 114: Sprachverarbeitung in Information und Dokumenta Proceedings, 1985. Herausgegeben von B. Endres-Niggem und J. Krause. VIII, 234 Seiten. 1985.

Band 115: A. Kobsa, Benutzermodellierung in Dialogsyster XV, 204 Seiten. 1985.

Band 116: Recent Trends in Data Type Specification. Edite H.-J. Kreowski. VII, 253 pages. 1985.

Band 117: J. Röhrich, Parallele Systeme. XI, 152 Seiten. 1

Band 118: GWAI-85. 9th German Workshop on Artificial In gence. Dassel/Solling, September 1985. Edited by H. Stoya 471 pages. 1986.

Band 119: Graphik in Dokumenten. GI-Fachgespräch, Brer März 1986. Herausgegeben von F. Nake. X, 154 Seiten. 1986.

Band 120: Kognitive Aspekte der Mensch-Computer-Interak Herausgegeben von G. Dirlich, C. Freksa, U. Schwatlo und K. V mer. VIII, 190 Seiten. 1986.

Band 121: K. Echtle, Fehlermaskierung durch verteilte Syst X, 232 Seiten. 1986.

Band 122: Ch. Habel, Prinzipien der Referentialität. Untersucl gen zur propositionalen Repräsentation von Wissen. X, 308 Se 1986.

Band 123: Arbeit und Informationstechnik. GI-Fachtag Proceedings, 1986. Herausgegeben von K. T. Schröder. IX, Seiten. 1986.

Band 124: GWAI-86 und 2. Österreichische Artificial-Intellige Tagung. Ottenstein/Niederösterreich, September 1986. Herau geben von C.-R. Rollinger und W. Horn. X, 360 Seiten. 1986.

Band 125: Mustererkennung 1986. 8. DAGM-Symposium, Pa born, September/Oktober 1986. Herausgegeben von G. Hartm XII, 294 Seiten, 1986.

Band 126: GI-16. Jahrestagung. Informatik-Anwendungen – Tre und Perspektiven. Berlin, Oktober 1986. Herausgegeben vo Hommel und S. Schindler. XVII, 703 Seiten. 1986.

Band 127: GI-17. Jahrestagung. Informatik-Anwendungen – Tre und Perspektiven. Berlin, Oktober 1986. Herausgegeben vo Hommel und S. Schindler. XVII, 685 Seiten. 1986.

Band 128: W. Benn, Dynamische nicht-normalisierte Relatic und symbolische Bildbeschreibung. XIV, 153 Seiten. 1986.

Band 129: Informatik-Grundbildung in Schule und Beruf. GI-F tagung, Kaiserslautern, September/Oktober 1986. Herausg ben von E. v. Puttkamer. XII, 486 Seiten. 1986.

Band 130: Kommunikation in Verteilten Systemen. GI/NTG-F tagung, Aachen, Februar 1987. Herausgegeben von N. Ge und O. Spaniol. XII, 812 Seiten. 1987.

Band 131: W. Scherl, Bildanalyse allgemeiner Dokumente 205 Seiten. 1987.

Band 133: B. Freisleben, Mechanismen zur Synchronisation pa leler Prozesse. VIII, 357 Seiten. 1987.

Band 134: Organisation und Betrieb der verteilten Datenverar tung. 7. GI-Fachgespräch, München, März 1987. Herausgege von F. Peischl. VIII, 219 Seiten. 1987.

Band 135: A. Meier, Erweiterung relationaler Datenbanksyst für technische Anwendungen. IV, 141 Seiten. 1987.